MARCO ⊕ POLO

Plattensee

Reisen mit **Insider Tipps**

DEUTSCHLAND · Prag · POLEN · TSCHECHIEN · Stuttgart · München · Salzburg · Wien · Bratislava · SLOWAKEI · UKRAINE · ÖSTERREICH · Budapest · **Plattensee** · SCHWEIZ · UNGARN · SLOWENIEN · RUMÄNIEN · Mailand · KROATIEN · ITALIEN · RSM · BOSNIEN-HERZEG. · SERBIEN

Diesen Reiseführer schrieb Rita Stiens. Die Journalistin und Buchautorin lebt zeitweise in der Nähe von Siófok am Plattensee.

www.marcopolo.de

Infos zu den beliebtesten Reisezielen im Internet, siehe auch Seite 109

SYMBOLE

MARCO POLO INSIDER-TIPPS:
Von unserer Autorin für Sie entdeckt

MARCO POLO HIGHLIGHTS:
Alles, was Sie am Plattensee kennen sollten

 HIER HABEN SIE EINE SCHÖNE AUSSICHT

 WO SIE JUNGE LEUTE TREFFEN

PREISKATEGORIEN

Hotels		Restaurants	
€€€	über 60 Euro	€€€	über 15 Euro
€€	40–60 Euro	€€	12–15 Euro
€	bis 40 Euro	€	bis 12 Euro

Die Preise gelten für zwei Personen im Doppelzimmer inklusive Frühstück in der Hauptsaison Juli/August.

Die Preise gelten für ein Essen mit Suppe, Haupt- und Nachspeise ohne Getränke.

KARTEN

[120 A1] Seitenzahlen und Koordinaten für den Reiseatlas Plattensee

[0] außerhalb des Kartenausschnitts

Karten zu Balatonfüred, Hévíz, Keszthely und Siófok finden Sie im hinteren Umschlag.

Zu Ihrer Orientierung sind auch die Orte mit Koordinaten versehen, die nicht im Reiseatlas eingetragen sind.

GUT ZU WISSEN

INHALT

Die wichtigsten
MARCO POLO Highlights

**Sehenswürdigkeiten, Orte und Erlebnisse,
die Sie nicht verpassen sollten**

 Török-ház (Heimatmuseum)
Allein der herrliche Blick
ist den Weg zum Heimat-
museum in Alsóörs wert
(Seite 27)

 Burgberg
Ein kulturhistorisches Kleinod
in Veszprém, der »Stadt der
Königinnen« mit Kirchen,
Museen, dem Bischofspalais
und wunderbarer Aussicht
(Seite 33)

 Kurzentrum
Das historische Herz des
Kurorts Balatonfüred erstrahlt
in neuem, schön restauriertem
Glanz (Seite 33)

 Tihany
Kulturschätze und eine
schöne Aussicht weit
über den See (Seite 40)

 Badacsony
Wein und Kelterhäuser machen
den majestätischen Basaltberg
Badacsony zur Attraktion für
Balaton-Urlauber (Seite 45)

 Tapolca
Die geheimnisvolle Unterwelt
mit ihren Felsenhallen lässt
sich per Boot auf dem Höhlen-
see erkunden (Seite 48)

 Thermalsee
Europas größter Thermalsee
in Hévíz hat eine ebenso
romantische wie heilende
Wirkung (Seite 52)

Abendstimmung am Kis-Balaton

Warm und heilsam: der Hévíz-See

 8 **Festetics kastély és (Schloss Festetics) und Helikon Kastélymúzeum (Schlossmuseum Helikon)**
Ein herrliches Barockschloss mitten in Keszthely (Seite 54)

 9 **Sümeg**
Lassen Sie sich auf Burg Sümeg in frühere Jahrhunderte versetzen – vor allem zur Zeit der mittelalterlichen Burg-spiele im Sommer (Seite 57)

 10 **Káli medence (Káli-Becken)**
Ein Basaltplateau, Vulkanhügel und das Steinerne Meer bilden die Kulisse für eine Reihe typi-scher Balaton-Dörfer (Seite 58)

 11 **Vár-hegy**
Der 243 m hohe Burgberg mit der Burgruine ist das Herz von Szigliget (Seite 59)

 12 **Petőfi-Strand**
Action und Party: Siófoks größter Strand bietet bis zu 20 000 (Sonnen-)Badenden Platz (Seite 74)

Turm vom Schloss Festetics

 13 **Aussichtspunkt Fonyód**
Den großartigen Blick auf die Vulkane des Nordufers sollte sich niemand entgehen lassen (Seite 88)

 14 **Bencés apátság romjai**
Eindrucksvolle Ruinen eines mittelalterlichen Klosters in Somogyvár (Seite 89)

 15 **Kis-Balaton (Kleiner Balaton)**
Naturoase und idealer Brutplatz für unzählige Vögel (Seite 89)

 Die Highlights sind in der Karte auf dem hinteren Umschlag eingetragen

Entdecken Sie den Plattensee!

An den Ufern wie im Hinterland gewinnt das »Ungarische Meer« Besucher mit Zauber und Flair

Wollt ich Glückseligkeit mit einer Landschaft ausdrücken, würde ich den Balaton wählen«, preist der ungarische Schriftsteller Tibor Déry den Reiz dieses größten Sees in Mitteleuropa – und er spricht mit seiner Hymne vielen Ungarn aus der Seele. Für sie ist der Balaton, auf Deutsch Plattensee, mehr als ein See: Er ist das »Ungarische Meer«, ihr ganzer Stolz. Wer bei strahlendem Sonnenschein in einer *csárda* am Hügel sitzt, mit weitem Blick über Wein, kleine Kelterhäuser und die glitzernde Wasserfläche, ist nur zu geneigt, diese Euphorie zu teilen. Noch größer ist das Glücksgefühl, erlebt man den See aus der Bordperspektive beim Rundumtörn mit einer Segelyacht – ein Motorboot darf es nicht sein, denn die sind zum Glück auf diesem idyllischen Gewässer verboten: Als schmiege sie sich ans Ufer, liegt Keszthely, die aristokratisch-städtische Perle des Nordwestens, im Windschatten des Keszthely-Gebirges; spitz lugt das Land bei Balatongyörök aus dem See, zieht sich bis Szigliget zu einer weiten Innenbucht zurück, schiebt sich nur wenige Kilometer weiter mit

Boote im Hafen von Balatonföldvár

Strandpromenade von Balatonfüred

dem breiten Fuß des Weinbergs Badacsony trutzig ins Wasser und bildet bis zur markantesten Ausbuchtung des Nordens, der Halbinsel Tihany, eine sanft geschwungene Linie.

Tihany lässt dem Balaton zum Südufer nur eine Schneise von 1,5 km, doch dieser Enge folgt die Weite des östlichen Beckens mit seinen ruhigen, langen Ufern. Als wolle es dem See nachdrücklich Einhalt gebieten, erhebt sich im Osten das Hochufer von Balatonkenese.

Ganz anders das Landschaftsbild im Süden. Hier säumen die flachen Ausläufer der Somogyer Hügel das Ufer. Aus der großen westlichen Niederung ragen allein die Gipfel der Berge von Fonyód und von Balatonboglár heraus. Ab Balatonszárszó in der Ufermitte kommen die Höhenzüge dem Balaton wieder

Geschichtstabelle

20 000 v. Chr. Der Plattensee entsteht durch Verschiebung der Erdkruste, Erosion und Zufluss von Wasser

11 n. Chr. Zu der von Kaiser Tiberius gegründeten Provinz Pannonia gehört auch der Balaton

um 900 Nach Jahrhunderten wechselnder Besiedelung erobern ungarische Stämme auch das Balaton-Gebiet

11./12. Jh. Seit dem ersten ungarischen König Stephan I. gehören große Teile des Balaton zum königlichen Gebiet. Hier werden im 11. und 12. Jh. eine Reihe von Klöstern gegründet, z.B. die Abtei von Tihany

1526–1687 Mit der Niederlage in der Schlacht bei Mohács beginnt die türkische Besetzung. Viele Balaton-Orte werden völlig zerstört. 1687 schlägt das Habsburger Heer die Türken zurück

1703–1711 Der ungarische Unabhängigkeitskampf unter Fürst Ferenc II. Rákóczi gegen die Habsburger scheitert. Es folgt eine Zeit des Wiederaufbaus: Im Balaton-Gebiet werden viele der zerstörten Kirchen im Barockstil neu errichtet

1822 Eröffnung des ersten Badehauses in Balatonfüred. Der Ort wird zum Zentrum der Opposition gegen die Habsburger

1831 Das erste feste Theater Transdanubiens entsteht in Balatonfüred

1846 István Graf Széchenyi gründet die Balaton-Dampfschifffahrtsgesellschaft. Der erste Dampfer macht seine Jungfernfahrt

1861 Der Eisenbahnbau trägt wesentlich zur Entwicklung der Region bei

1867 Doppelmonarchie Österreich-Ungarn

1881 Der englische Yachtbauer Richard Young errichtet die erste Werft in Balatonfüred

um 1900 Aristokratische Gutsbesitzer gründen die ersten Badeorte am Südufer

1918/19 Die Monarchie Österreich-Ungarn zerfällt, Ungarn wird selbstständig

1949 Ungarn wird Volksrepublik, der Plattensee zum begehrtesten Urlaubsziel des Ostens

1989 Ausrufung der Republik Ungarn am 23. Oktober

1999 Ungarn wird in die Nato aufgenommen

2000 Millenniumsfeiern zur 1000-jährigen Staatsgründung

2004 Ungarn wird Mitglied der EU

sehr nahe und laufen bis Siófok im Osten in Buckelwellen aus.

Von der Seeseite betrachtet, dominiert die Weite, an Land hält der Verkehr den Balaton fest umschlungen. Die erste Schleife zieht die Eisenbahn, die zweite die ebenfalls rundum verlaufende Autoschneise 7 bzw. 71. Beide prägen das Bild nachhaltig und bewirken eine weit gehend einheitliche Struktur der Dörfer, die von Bahn und Straße durchschnitten werden. Zwischen der ufernahen Bahn und dem See liegen die Urlaubsreviere mit ihren Strandbädern, Restaurants, Hotels und Ferienhäusern.

Schilfbestandene Buchten, an denen Holzboote dümpeln

An Plänen, die Balaton-Region durch touristische Großprojekte wie Freizeitparks oder Erlebnisbäder weiter aufzuwerten, fehlt es nicht. Einige Projekte wie z. B. ein Aquapark in Balatonfüred wurden inzwischen realisiert, und die Qualitätsorientierung zeigt auch in der Gastronomie und Hotellerie Wirkung, doch es fehlt nach wie vor am Ausbau der Infrastruktur. Die Attraktivität der Strände zu erhöhen steht jedoch ganz oben auf der Agenda der Tourismusverantwortlichen.

Zwei Gründe für den noch unzureichenden Standard sind die mit etwa zwei Monaten extrem kurze Saison und die wirtschaftliche Lage: Etwa 50 Prozent der Ungarn verdienen nur den Mindestlohn von 65 000 Forint (ca. 250 Euro), das Durchschnittseinkommen eines Facharbeiters liegt bei ca. 380 Euro, aber der Einkauf im Supermarkt ist oft sogar teurer als in westlichen Ländern. Den Gemeinden fehlen die Mittel für Investitionen, die lokale Nachfrage ist gering, und nicht zuletzt lassen sich manche der am Tourismus Beteiligten nur widerstrebend auf die Erkenntnis ein, dass weiterer Verbesserungsbedarf besteht. Dennoch: Der Plattensee und sein Hinterland sind ein attraktives Naturareal, das durchaus gute Bedingungen für einen erholsamen Urlaub bietet.

Bewohnt ist die Balaton-Region schon seit Urzeiten, wie 50 000

Den Blick vom Kirchberg in Tihany lässt sich kaum jemand entgehen

Gepflegte Pracht: Schloss Festetics aus dem 18. Jh. in Keszthely

Jahre alte archäologische Zeugnisse belegen. Zu Beginn der modernen Zeitrechnung herrschen die Römer hier und nennen die Provinz im Nordosten ihres Imperiums, zu der auch der Plattensee gehört, Pannonia. Transdanubien heißt dieses Gebiet heute, und der Balaton ist nach wie vor seine Mitte und sein Herz.

Eine Oase des Vergnügens ist der Plattensee bereits seit einigen Hundert Jahren. Vor allem das 19. Jh. hat attraktive Spuren hinterlassen, denn es war die ungarische Aristokratie, die neue wirtschaftliche Impulse gab und den Balaton als Hort der Entspannung entdeckte. Keszthely, die älteste Stadt am Westufer, prunkt noch immer mit einem der schönsten ungarischen Schlösser, dem Schloss Festetics, und Anfang des 19. Jhs. wurde Balatonfüred zum Mekka der Blaublütigen, Intellektuellen und Künstler.

» *Seit Jahrhunderten eine Oase des Vergnügens* **«**

Der Bruch zwischen Vergangenheit und Neubeginn nach dem Zweiten Weltkrieg hätte abrupter nicht sein können. Die einstige Spielwiese der Nobilitäten und Wohlsituierten wurde zur Hochburg sozialistischer Urlaubsorganisation mit Bettenburgen, Ferienlagern, Campingplätzen und zahlreichen Privatquartieren.

Im Hinterland gerieten jedoch ganze Regionen ins wirtschaftliche Abseits. Dörfer wie Salföld oder Kapolcs im Káli-Becken starben regelrecht aus. Die Häuser verfielen, aber der alte Dorfcharakter und die historische Bausubstanz blieben erhalten. Kleinadlige, Handwerker, Händler, Bauern, Winzer und der Klerus hatten sich hier im 18./19. Jh. stuckverzierte Herrenhäuser gebaut, so genannte Kurien, reetgedeckte Höfe mit Laubengängen, Anwesen mit den typischen geschwungenen Giebeln, kunstvoll gestaltet bis zum

Schornstein. Inzwischen sind einige dieser Dörfer restauriert und zählen zu den schönsten am Plattensee.

Eine andere Schokoladenseite des Balaton sind die von der Natur verwöhnten Weinanbaugebiete, vor allem rund um den Badacsony. Noch hat der Balaton ausgesprochen unterschiedliche Gesichter: Welten liegen zwischen dem Budenzauber mit aufblasbaren Riesenrutschen und ratternden Spielautomaten an manchen Uferabschnitten und stillen, schilfbestandenen Buchten, in denen bunte Holzboote dümpeln, zwischen dem Abendtrubel an Siófoks Uferpromenade und einem Abendspaziergang entlang der kleinen Serpentinenstraßen in Szigliget. Bei der Folklore lebt man auch am Balaton von einem Klischee, das zu seiner eigenen Realität geworden ist: Ungarn – das ist der feurig aufspielende »Zigeuner«, das sind Pferdekutschen und Kesselgulasch über dem offenen Feuer. Diese Erwartungen will man auch am Balaton nicht enttäuschen. Dennoch: Wer einmal mit der Kutsche durch die Hügellandschaften zog, eine Weinprobe im Keller einer Winzerfamilie und eine anfeuernde Tanztruppe erlebte, lässt sich gerne ein zweites Mal von solcher Romantik einspinnen.

Den größten Plattenseegenuss aber bietet der Balaton selber. Von seiner romantischsten Seite zeigt er sich als Symphonie in Grün, überwölbt von einem strahlenden Sonnenhimmel und schneeweißen Wolkenbällen. Von den waldigen, blaugrün schimmernden Berghöhen über das Türkis des Wassers bis zum hellen Grün des Schilfs reicht die Farbpalette in solchen Momenten. Bei einem *eszpresszó* auf der Seeterrasse sitzen, durch die Weinberge wandern, von einem der in den See hineinreichenden Holzstege ins Wasser gleiten, abends bei einem Riesling den Sternenhimmel oder das Wetterleuchten bestaunen – das ist bestes Balaton-Lebensgefühl.

Der Balaton – eine Symphonie in Grün

Der Balaton in Zahlen

Der größte See Mitteleuropas ist nicht besonders tief

Das Bett des Plattensees ist 77 km lang. Die Ufer erstrecken sich auf 196 km, 598 km² beträgt die Wasseroberfläche. Im Osten, zwischen Alsóörs und Siófok, ist der Plattensee mit 12 km am breitesten, zwischen der Fährstation Szántódrév am Südufer und der Spitze der Halbinsel Tihany mit 1,5 km am schmalsten. Die Wassertiefe liegt im Schnitt bei flachen 3–4 m. Im Süden kann man Hunderte von Metern durch seichtes Wasser waten – ideal für Ferien mit Kindern. Am Nordufer geht es bereits kurz hinter dem Ufer 1 oder 2 m in die Tiefe.

Wellness seit der Römerzeit

Dörfer mit Tradition und faszinierende Naturlandschaften – die Balaton-Region ist dabei, ihren Reichtum neu zu entdecken

Dorfarchitektur

Schneeweiß getünchte Wände, dunkel gestrichene Fenster und Türen, ein dickes, gemütliches Reetdach und leuchtend rote Geranien vor den Fenstern – viele solcher Bauernhäuser gibt es nicht mehr, aber in zahlreichen Dörfern existiert wenigstens noch ein gut erhaltenes, oft hergerichtet als Heimatmuseum. Die ganze Bandbreite der traditionellen Dorfarchitektur, vom schlichten Hof bis zu so genannten Kurien (Herrenhäusern) im bäuerlichen wie kleinadligen Barockstil, können Sie am besten im Balaton-Oberland erleben. Der typische Plattenseehof ist der Reihenhof mit einem Gang vor der Längsseite des Hauses. Charakteristische Gänge mit Bögen und Arkaden gibt es auch in den alten Dörfern am Südufer des Plattensees.

Fauna und Flora

Wein, Mandelbäume, Feigen und Lavendel schaffen vor allem am Norder mediterranes Flair. Bei Ausflügen rund um den See begleiten Sie im Mai die Rufe der Kuckucke, und leuchtend roter Mohn lässt Wegränder, Wiesen und Felder erglühen. Die Natur zeigt sich von ihrer schönsten Seite. Das gilt vor allem für die Landschaftsschutzgebiete. Mehr als 350 km^2 Naturraum werden allein in den Schutzgebieten rund um den Balaton bewahrt.

Tihany ist Teil des Landschaftsschutzgebiets Balaton-Oberland. Besonders interessant ist der Nordwesten (Apáti-Hügel) mit mediterranen und submediterranen Pflanzen wie der Zwergschwertlilie und der Pannonischen Steinmispel. Zudem wurden über 800 Schmetterlingsarten auf der Halbinsel gezählt. Im Koloska-Tal bei Balatonfüred können Naturliebhaber die Küchenschelle und Orchideenarten entdecken. Auch die geologischen Gegebenheiten im Káli-Becken sorgen für eine artenreiche Flora. Im Badacsony-Gebiet, einer herausragenden Vulkanformation des Balaton-Oberlandes, können Sie auf den warmen Felsen vielerlei Eidechsen entdecken.

In der überwiegend flachen oder nur leicht hügeligen Landschaft des Plattensees sind unter den Tieren ansonsten vor allem die Vögel hervorzuheben. Der Kis-Balaton ist ein be-

Schwelgendes Barock, entstanden im Zug der Gegenreformation: Fresken von Franz Anton Maulbertsch in der Himmelfahrtskirche Sümeg

13

deutendes Vogelschutzreservat. Dort leben fast alle Reiherarten Mitteleuropas und eine große Kormorankolonie.

Folklore

Zigeunermusik und Csárdás, der ungarische Nationaltanz, stehen ganz oben auf der Beliebtheitsskala. Was ist Show, was echte Tradition? Natürlich sind die organisierten Hochzeiten gespielt, doch die Bauernhochzeit wird, vor allem in den Dörfern, noch immer traditionell gefeiert: mit Riten wie dem Beweinen der Braut oder der Sitte, dass der Bräutigam unter verhüllten Mädchen die Seine herausfinden muss.

Kirchen

Selbst kleinste Dörfer haben in der Regel zwei, nicht selten sogar drei Kirchen. Das hat historische Gründe: Nach der türkischen Besetzung traten die Lehren Martin Luthers einen Siegeszug an. Der Katholizismus startete ab Mitte des 17. Jhs. eine massive Gegenreformation, und die Mehrheit der Bevölkerung nahm wieder die katholische Religion an. Um die Kirchen zuordnen zu können, schaut man am besten auf die Turmspitze: Die katholischen und evangelischen schmückt oben ein Kreuz, die calvinistischen haben einen Stern.

Köche

Ein Ungar am Herd? Am heimischen gewiss nicht. Aber wenn es um Ruhm, Ehre und Preise geht, packt Ungarns Männer die Kochleidenschaft – ob vor kleinem Publikum bei Sommerfesten in den Plattenseedörfern oder vor großem beim Gulaschfestival in Budapest. Die *halászlé* (Fischsuppe) haben die Herren der Schöpfung sogar ganz für sich reserviert: Sie gelingt angeblich nur einem Mann. Schließlich ist diese Suppe die Krönung einer Passion ungarischer Männer: des Angelns. Und so treten z. B. alljährlich um die 20 Herrenmann-

Erste Vorbereitung für die halászlé (Fischsuppe): das Angeln

Urlaubslektüre

Für die Seele, das Auge und das Herz

Ungarische und europäische Geschichte am Beispiel der Adelsfamilie Esterházy beschreibt der jüngste Spross des Clans, *Péter Esterházy*, in einem mitreißenden Roman, der ziemlich traurig ist und dabei voller Witz steckt: *Harmonia Caelestis*. Nicht von den 900 Seiten abschrecken lassen, die Lektüre ist großartig! Auch in dem Bildband von *Dercsényi/Kaiser/Koppány, Schlösser in Ungarn*, werden Sie wieder, neben vielen anderen berühmten Familien, den Esterházys begegnen; 40 prächtige Bauten werden in Wort und Bild ausführlich beschrieben. Eine Geschichte um Liebe, Leidenschaft und Verrat, die der Frage nach Anstand nachgeht, hat *Sándor Márai* geschrieben, der als »ungarischer Schnitzler« gilt: *Die Glut*, ein Buch, das einen nicht loslässt – auch wenn es ein bisschen kitschig ist. Es machte den Autor über Nacht in Deutschland berühmt.

schaften in der Halásztanya von Alsóörs am Nordufer des Plattensees zum Wettstreit um den Pokal für die beste Fischsuppe an. Das Kochfestival »Auf den Spuren königlicher Köche« in Nagyszakácsi ist zugleich ein dreitägiges Volksfest mit Umzug, Musik und Historienspielen, bei dem die Renaissance den Ton angibt.

Künstlerhäuser und Kultur

Nach Jahrzehnten im kulturellen Abseits erlebte der Plattensee in den späten Achtzigerjahren, also kurz vor der Wende 1989/90, eine erste Wiederentdeckung in Künstlerkreisen. Es war in den Budapester Zirkeln plötzlich in, sich am Wochenende am Balaton zu treffen. Doch nach der Wende strömten Tausende von Ausländern auf den Markt, kauften Häuser, und die Preise stiegen ins Unerschwingliche. Es ist in erster Linie Interessengemeinschaften von Künstlern zu verdanken, die das notwendige Geld für einen Hauskauf zusammenkratzten, dass Dörfer vor dem völligen Ausverkauf und vor Verfall gerettet wurden. In einigen der liebevoll in Stand gesetzten Häuser finden Lesungen statt, man eröffnete Galerien, wie in Salföld, oder nutzt sie als Atelier.

Namen und Daten

Genau anders herum als gewohnt! Diese Eselsbrücke sollten Sie in Ungarn für Daten und Namen nutzen. Eine Zeitangabe wie 04.07.05 – 04.08.06 bedeutet: vom 5. Juli bis 6. August 2004. In Ungarn schreibt man zuerst das Jahr, dann den Monat, dann den Tag. Am Plattensee aber hat man sich auf Urlauber eingestellt und wählt zumeist die den Gästen vertraute Schreibweise. Prüfen Sie Termine, denn es ist nicht immer so. Für Namen gilt dasselbe: Steht auf einer Visitenkarte Gáldi Gábor, heißt der Mann mit Vornamen Gábor und mit Nachnamen Gáldi.

Verheiratete Frauen tragen in der Regel den Namen ihres Mannes mit dem Zusatz *né,* was Frau bedeutet. Die Ehefrau von Herrn Gáldi würde also Gáldiné heißen.

Puszta

Rund um den Plattensee findet sich eine Reihe von Ortsbezeichnungen mit dem Wortbestandteil -puszta, z. B. Rádpuszta. Das Wort Puszta erinnert die Ungarn vor allem an die Schreckensherrschaft der Türken, die ganze Landstriche verwüsteten: Puszta bedeutet öde, Ödnis. Am Plattensee aber versteht man unter Puszta die Wirtschaftsgebäude eines Gutes, die in einiger Entfernung zum Dorf liegen. Dort lebte früher das Gesinde, standen die Viehställe und Getreidespeicher.

Sprache

Selbst Vielsprachige stehen dem Ungarischen ratlos gegenüber. Mit Ableitungen von vertrauten Sprachen kommt man nicht weiter: Ungarisch ist völlig anders. Es gehört zur finno-ugrischen Sprachfamilie und hat sich während der Wanderung der Magyaren (Ungarn) mit anderen Sprachen vermischt, z. B. mit dem Türkischen. Um sich zu orientieren, ist es schon wegen der Aussprache von Ortsnamen wichtig, sich mit einigen Regeln vertraut zu machen: So wird ein einfaches *s* wie im Wort Siófok immer wie ein *sch* gesprochen (Schiofok). Das *cs* wie in Csárda ist ein *tsch* (Tscharda). Ein *sz* klingt wie ein *ß*. Weitere Besonderheiten: *ty* entspricht im Deutschen einem *tj* und *ly* einem *j*. Die Buchstabenkombination *zs* wird stimmhaft zu *sch* wie im Wort Journalist. Das *gy,* z. B. in dem Wort *egy* (eins), wird wie *dj* ausgesprochen, also *egy = ädj*.

Das *e* wird offen wie ein *ä* gesprochen. Mit einem Akzent versehen, also *é,* spricht es sich als langes *e* wie in Beet. Die Akzente sind keine Betonungszeichen (im Ungarischen wird immer die erste Silbe betont!), sie verlängern den Vokal. So wird ein *á* lang gesprochen wie im deutschen Wort Maat, ein *ó* wie *oh* in Mohn, ein *í* wie *ie* in Biene, ein *ű* wie *ü* in über. Ohne Akzent wird das *a* zu einem kurzen *o* wie in Morgen. Der korrekten Aussprache kommt eine große Bedeutung zu. Um ein Beispiel zu nennen: *Egészségedre*, auf deine Gesundheit, diesen Trinkspruch hat der Gast schon in den ersten Tagen drauf. Denkt er! Meistens kommt jedoch die Aussprache von *egész seggedre* dabei heraus. Und das heißt: Auf deinen ganzen A ..., also ein Prosit auf den Allerwertesten. Eine Mordsgaudi für Ungarn!

Ungarndeutsche

Drei Dinge empfiehlt der Bürgermeister des winzigen 300-Ew.-Dorfes Kötcse im Hinterland des Plattensees dem Besucher: die wunderbare Natur, den Wein – und *kerbajt,* das Kirchweihfest. Die Tradition der Kirchweihfeiern begründeten die vorwiegend aus Hessen stammenden Deutschen, die ihre Heimat verließen, um der Leibeigenschaft zu entkommen. Insgesamt eine halbe Mio. Deutsche wurden im 18. Jh. auf Betreiben der Habsburger ins Land geholt, um die während der Türkenära nahezu ausgestorbenen Dörfer und Landstriche wieder zu bevölkern. Das Hauptsiedlungsgebiet der Deutschen wurde Südungarn. Und egal, woher sie auch stammten – sie wurden zu »Schwaben«. 1945, nach den Konferenzen von Jalta und Potsdam, mussten

250 000 Ungarndeutsche mit ihrer Vertreibung aus der neuen Heimat für den Zweiten Weltkrieg bezahlen. Heute leben noch um die 100 000 Ungarndeutsche im Land, denen die kulturelle Selbstverwaltung zugestanden wurde.

Wellness

Luxus und Verwöhnung – darauf verstanden sich die alten Römer! Über 20 Bäder haben Archäologen in Ungarn freigelegt, und die Funde zeigen, wie lustvoll sie vor rund 2000 Jahren Badekultur zelebrierten. An Thermalwasser fehlt es dem Land nach wie vor nicht: Bislang sind über 1200 Quellen bekannt, 35 Orte dürfen sich Kurort nennen. Die Thermalwasservorkommen machen auch die Balaton-Region zu einem Mekka für Kur- und Wellnessgäste. Der Aufstieg der Kurorte Balatonfüred am Nordufer und Hévíz im Nordwesten begann – bedingt durch das Engagement der aristokratischen Elite des Landes – bereits im 18. Jh. Hévíz bietet heute ein ausgezeichnetes Angebot an Kur- und Wellnesshotels, und Balatonfüred genießt einen guten Ruf als Zentrum für Herzkranke. Dank der großen Summen, die in die Entwicklung des Gesundheitstourismus flossen, haben andere balatonnahe Thermalorte wie Zalakaros, Pápa oder der Höhlenkurort Tapolca nachgezogen. Direkt am Balaton setzt vor allem Siófok mit seinen Viersternehotels und dem Galerius-Bad auf den Wellnesstourismus

Wirtschaft

Der wichtigste Wirtschaftsfaktor am Plattensee ist der Tourismus. Ob er floriert oder stagniert, ist nicht nur von regionaler, sondern von natio-

»Wellness auf Rädern«: mit dem Tretauto die Promenade entlang

naler Bedeutung, denn der Balaton ist neben Budapest das wichtigste touristische Ziel des Landes. Dass man rund um den See mit Deutsch ohne Probleme durchkommt, hat einen einfachen Grund: Die meisten Gäste kommen aus deutschsprachigen Ländern. Österreicher und Deutsche stellen auch den Großteil der Käufer, die sich eine Immobilie in Westungarn bzw. am Balaton zugelegt haben. Sie sind ein nicht unwichtiger Wirtschaftsfaktor, aber die Entwicklung hat in manch kleinerem Ort für ein problematisches Ungleichgewicht zwischen Alteingesessenen und Zugezogenen geführt. Nicht zuletzt ist der Balaton ein bevorzugtes Gebiet wohlhabender Ungarn, die sich rund um den See stattliche Anwesen gebaut haben, z. B. in Töreki nahe Siófok, wo eine Reihe von Reetdachvillen stehen. Die ungleiche Einkommensverteilung zwischen Normalverdienern auf der einen und reichen Ungarn bzw. gut situierten Ausländern auf der anderen Seite springt am Balaton vielerorts deutlich ins Auge.

Die Spezialität:
der Balaton-Zander

Am Balaton dominiert ungarische Hausmannskost. Kulinarische Vielfalt beschränkt sich überwiegend auf Pizza, Pasta und Fast Food

Die Natur meint es gut mit der Plattenseeregion: Der Boden bringt beste Weine hervor, der See feinen Fisch, und die Wälder des nördlichen Bakony-Gebirges sind bekannt für ihren Reichtum an Pilzen und Wild. Zum klassischen Repertoire der Balaton-Restaurants gehören vor allem die typisch ungarischen Gerichte wie *pörkölt* (Gulasch), das zumeist als Rindergulasch auf den Tisch kommt, oder *paprikás,* Gerichte mit Paprika. Besonders verbreitet ist das Paprikahuhn *(paprikás csirke).* Beliebt ist auch Gulaschsuppe *(gulyás),* die traditionell im Kessel über offenem Feuer zubereitet wird. Kurzgebratenes kommt nur selten in guter Qualität auf den Tisch. Paniertes Fleisch gehört dagegen zu den beliebtesten Gerichten auf dem ungarischen Esstisch.

In Ungarn hat sauer Eingelegtes Tradition. Darum empfiehlt es sich, z. B. bei einem Gurkensalat nachzutragen, ob er aus frischer Gurke gemacht ist. Es kommt durchaus vor, dass einem sauer eingelegte Gurken serviert werden.

So urig die Werbung, so köstlich der Wein am Balaton

Zu den Favoriten im Sommer gehören Gerichte vom Grill. In der Regel sind die Spieße und Grillteller nicht schlecht. Ob das Restaurant an der Fleischqualität gespart hat, weiß der Gast nach dem ersten Besuch – und kann es sich gegebenenfalls künftig woanders schmecken lassen.

Fisch steht auf fast jeder Speisekarte, spielt aber – anders als an den großen Seen in Deutschland, Österreich oder Italien – keine Hauptrolle. Die Auswahl beschränkt sich fast immer auf den (recht teuren) Balaton-Zander *(fogas)* und gelegentlich Wels. Der Fisch wird zumeist gegrillt oder paniert und dann gebraten. Auch wenn einige Restaurants noch *halászcsárda* heißen – Fischrestaurants, die diese Bezeichnung verdienen, gibt es am Balaton so gut wie gar nicht.

Wie es um die Qualität eines Restaurants steht, ist zudem nur schwer einzuschätzen. Köche werden meist nur für die Dauer der Saison engagiert. Wer in der nächsten Saison am Herd steht – das ist die Frage. Außerdem orientiert sich das Angebot an der Nachfrage, und noch dominieren am Balaton Besu-

Balaton-Spezialitäten

Lassen Sie sich diese Köstlichkeiten gut schmecken!

bográcsgulyás – Kesselgulasch, oft noch im Kessel über dem offenen Feuer zubereitet

bor – Wein gibt es als *fehér bor* (Weißwein) und *vörös bor* (Rotwein). Trockener Wein trägt die Bezeichnung *száraz*, halbsüßer *félédes*

dobos-torta – sechsschichtige Biskuittorte mit Schokoladen-Butter-Creme und Karamellglasur

Esterházy-rostélyos – in Gemüsesud geschmorte Roastbeefscheiben

fogas – eine Zanderart, die nur im Balaton vorkommt. Der Fisch wird im Ganzen gegart oder als Filets serviert. *Süllő* heißt der Fisch, solange er noch jung ist und nicht mehr als 1,5 kg auf die Waage bringt

gesztenyepüré hagyományos módon – Kastanienpüree, eine beliebte Süßspeise, steht mit Sahne als Dessert auf der Speisekarte

halászlé – kräftig gewürzte Fischsuppe aus verschiedenen Fischsorten. Bei einer Edelsuppe ist unbedingt Karpfen dabei

lángos – Fladen aus Hefeteig; gibt es in vielen Variationen, u.a. mit Kraut, Schafskäse, Schinken, oder Dill

lecsó – Eintopf aus Tomaten, Paprikaschoten und Zwiebeln

palacsinta – Palatschinken, dünne Pfannkuchen in vielen Variationen. Besonders beliebt: *almás palacsinta* (mit Äpfeln). Eine Berühmtheit ist der *gundel-palacsinta* mit Walnüssen, Rosinen und Schokoladensauce

paprikás csirke – Huhn mit Paprikasauce, wird meist mit Nudeln als Beilage serviert

pörkölt – das klassische ungarische Fleischgericht mit Paprikaschoten und Tomate, entspricht dem deutschen Gulasch

rántott gombafejek tartár mártással – panierte Champignons mit Sauce tartare

rántott karfiol – panierte Blumenkohlröschen, als Vorspeise mit einer Sauce tartare

rántott sertésborda – panierte Schweinekoteletts, goldgelb gebraten

sör – das Wort sollten Biertrinker sich merken. In Ungarn trinkt man vor allem Pils

szarvasgulyás – Hirschgulasch

túrós rétes – Quarkstrudel, besonders köstlich, wenn er frisch aus dem Ofen kommt

cher, denen der Sinn nach umfangreichen Speisekarten und großen, preiswerten Portionen steht. Darüber bleibt eine kreativere, leichtere Küche zumeist auf der Strecke. Es hat sich aber einiges getan. Auf den Speisekarten sind nicht nur Salate selbstverständlich geworden. Ungarns Köche haben auch ein kulinarisches Kapital entdeckt, das Feinschmeckern im Ausland längst ein Begriff ist: das Fleisch des Mangalitzaschweins.

Dieses Tier, auch Wollschwein genannt, ist eine in Ungarn heimische Rasse, die vom Aussterben bedroht war. Sein Fleisch ist nicht zuletzt deshalb so schmackhaft, weil die Schweine ganz natürlich – im Freien und mit viel Auslauf – gehalten werden. Spanier machen aus den Borstentieren den berühmten, teuren Serranoschinken. In Ungarn wanderte Mangalitzafleisch nur noch in die besten Salamis des Landes, kommt nunmehr aber auch verstärkt als Schnitzel oder Braten auf den Tisch.

Eine weitere ungarntypische Tierrasse ist das Graurind. Auch Fleisch von diesem Tier erlebte in jüngster Zeit eine Küchenkarriere. Unterstützt wird die Entwicklung dadurch, dass sich engagierte Persönlichkeiten wie z. B. der Badacsonyer Weingutsbesitzer Huba Szeremley für diese besonderen Tiere starkmachen. Szeremley betreibt in der Puszta einen landwirtschaftlichen Betrieb mit Graurindern und Mangalitzaschweinen.

Internationale Küche beschränkt sich auf Pizzerien und Fastfoodketten. Fast alle Restaurants weisen darauf hin, dass sie auch vegetarisch kochen. Normalerweise beschränkt sich das Angebot jedoch auf Gebackenes (Blumenkohl, Champignons und Käse) – mit mehr Abwechslung auf dem Speiseplan können Vegetarier bislang noch nicht rechnen.

Restaurants werden als *étterem,* Gaststätten als *vendéglő,* ein Imbiss als *büfé* und eine Konditorei als *cukrászda* bezeichnet. Eine *csárda* ist ein rustikales Gasthaus. In einem *eszpresszó* gibt es Getränke und belegte Brötchen. In nahezu allen Restaurants am Plattensee wird ungarische Hausmannskost serviert, zumeist in legerem Rahmen. Erstklassige, wirklich niveauvolle Restaurants mit elegantem Ambiente gibt es nicht, von wenigen Hotelrestaurants der Viersternekategorie einmal abgesehen. Ein Restaurant der Preiskategorie €€ unterscheidet sich darum von einem der Kategorie €€€ in der Regel nur durch ein paar Euro weniger pro Person. Es rangiert jedoch nicht in einer wesentlich anderen Klasse, was Qualität und Ausstattung angeht.

Badacsony, das nach Tokaj wohl bekannteste Weinanbaugebiet Ungarns, liegt am Nordufer des Sees. Die wichtigsten Sorten dieser Region sind der *Olaszrizling* (Welschriesling), der *Zöldszilváni* (Grüner Silvaner), der *Muskotály* (Muskateller), der *Graue Mönch* und der *Blaustengler.* Die Halbinsel Tihany gehört zur Weinregion Balatonfüred-Csopak. Sie gilt als das einzige traditionelle Rotweingebiet des Balaton-Oberlandes. Das Zentrum des Anbaugebietes Dél-Balaton am Südufer erstreckt sich von Balatonboglár bis Fonyód. Einige Gastronomen sind zugleich Winzer und bieten Weine aus eigenem Anbau an. Rund um den See gibt es zahlreiche Weinkeller, die zu Weinproben und Verkostungen einladen.

Salami, Schnäpse, Stickereien

Vor allem Kunsthandwerkliches und Kulinarisches eignen sich bestens als Mitbringsel

Keramik/Porzellan

Wer Keramik liebt, findet ein attraktives Angebot in modernem wie in traditionellem Design. So schön wie kostbar und teuer ist Herender Porzellan. Ebenfalls bekannt – aber preiswerter – ist das Zsolnay-Porzellan mit Formen und Dekor im Stil der Wiener Sezession (Jugendstil).

Kulinarisches

Die ungarische Salami ist zu Recht das beliebteste Souvenir. Ihr Erfinder Márc Pick aus Szeged an der Theiß nannte sie Téliszalámi (Wintersalami). Noch bis Mitte des 20. Jhs. wurde sie nur in den Monaten Oktober bis März hergestellt, denn beim Reifungsprozess spielte die vom Fluss aufsteigende Kühle eine wichtige Rolle. Ihren besonderen Geschmack verdankt die ungarische Salami dem Mangalitza-Wollschwein.

Märkte

Typisch für den Plattensee sind die zur Saison geöffneten Freiluftbasare *(vásár),* auf denen von Kitsch bis zu Praktischem alles feilgeboten wird. Schöne Souvenirshops und Läden mit Kunsthandwerk sind leider noch

Schöne Farben, fröhliches Dekor – Souvenirs aus Keramik

recht selten. Für alle Märkte, auf denen nicht nur Lebensmittel verkauft werden, gilt: erst genau prüfen, dann kaufen. So mancher Markenturnschuh hat sich schon als Billigimport mit falschem Label entpuppt. Und gutes Kunsthandwerk wird vielfach nur in Spezialgeschäften angeboten.

Schnäpse

Hochprozentige Souvenirs sind Edelbrand-Obstschnäpse, *pálinka* genannt. Neben Klassikern wie Aprikosen- oder Zwetschgenbrand gibt es immer mehr ungewöhnliche Sorten wie Waldbrombeere oder Schwarze Johannisbeere. Zu den auf der renommierten Destillata (Edelbrand-Wettbewerb) in Österreich ausgezeichneten Destillerien gehört *Zimek's Feine Edelbrände* in Zamárdi. Ein typisches Souvenir ist auch der Magenbitter *Zwack Unicum.*

Stickereien

Auf keinem anderen Gebiet der Volkskunst hat Ungarn so viel zu bieten. Berühmt sind Kalocsa- und Matyó-Stickereien, die bunten Auflegestickereien aus Buzsák sowie die Weißstickerei. Die schönen Blaudruckstoffe werden als Meterware verkauft oder zu Haushaltswäsche und Oberbekleidung verarbeitet.

Feste, Events und mehr

**Im Juli und August wird das Leben am
Balaton zu einem einzigen Sommerfestival**

Segelsetzen, Saisoneröffnungen
und Weinfeste haben Tradition.
Daneben gibt es vor allem im Juli
und August eine Fülle kleinerer
Dorffeste und kultureller Veranstal-

Geschmückt für den Anna-Ball

tungen. Anspruchsvolle Kulturfesti-
vals finden etwa 80 km vom Balaton in Martonvásár und Győr statt.
Einen Überblick über die größeren
Veranstaltungen erhalten Sie unter
www.ungarn-tourismus.de, über die
kleineren in den lokalen Tourinform-
Büros.

Feiertage
1. Januar *Neujahr;* **15. März** *Tag
des Unabhängigkeitskampfes von
1848/1849;* **Ostermontag**; **1. Mai**
Tag der Arbeit; **Pfingstmontag**;
20. August *St. Stephans-Tag,*
Nationalfeiertag; **23. Oktober** *Tag
der Republik,* Gedenktag der Revolu-
tion von 1956; **1. November**
Allerheiligen; **25./26. Dezember**
Weihnachten

Feste und Veranstaltungen
März
Frühlingsfestival in Győr mit Tanz,
Theater und Konzerten. *www.feszti
valirodagyor.hu*

Mai
Balatonfestival in Keszthely: Das
Festival zur Saisoneröffnung (Anfang
bis Ende Mai) bietet u. a. klassische
Konzerte und Ausstellungen.
Feierliches *Segelsetzen* in Balaton-
füred an einem Wochenende Mitte
Mai. Die traditionellen Segelregatten
werden von Folkloreprogrammen
begleitet. *www.balatonfured.hu*

Juni
Insider Tipp *Harley-Davidson-Biker-Treffen*
in Alsóörs in der zweiten Juni-
woche mit Rockkonzerten

Juli

Folklorefestival *Goldene Muschel* in Siófok Anfang Juli: traditionelles Treffen von Folkloregruppen aus vielen Ländern, die sich auf einer Bühne am Hafen präsentieren
Sommer in Győr, ein internationales Festival mit Klassik, Jazz und Folklore. *www.fesztivalirodagyor.hu*
Sommer in Keszthely: Im Rahmen dieses Programms gibt es z. B. Konzerte im Schloss und Operettenabende im Schlosspark. *www.keszthely.hu*
Beethoven-Abende mit den Ungarischen Philharmonikern im Schloss Brunszvik in Martonvásár. *www.filharmonikusok.hu*
Großer Preis Blaues Band: traditionelle Segelregatta, die in Balatonfüred gestartet wird. *www.balatonfured.hu*
Höhepunkt des seit über 170 Jahren Ende Juli veranstalteten *Anna-Balls* in Balatonfüred ist die Kutschenfahrt der Ballkönigin durch die Stadt.
Zamárdi feiert im Juli ein *Festival der Straßenmusiker. www.zamardi.hu*
Dreimal täglich finden im Juli und August *Ritterspiele in der Burg Sümeg* statt. *www.sumegvar.hu*
Durchschwimmen des Balaton Ende Juli von Révfülöp nach Balatonboglár. Am Ziel herrscht Volksfeststimmung, wenn die Tausende von Schwimmern ankommen.
Künstlerfest in Kapolcs in der letzten Juliwoche: ein Dorffest der Kreativen mit Markt, Theater, Lesungen und Kunsthandwerk

August

Weinwoche in Balatonlelle in der ersten Augusthälfte mit Markt und Folklore. *www.balatonlelle.hu*
Weinwochen in Balatonfüred Mitte des Monats: Winzer und Kunsthandwerker bieten ihre Produkte an, abends Musik und andere Kulturprogramme. *www.balatonfured.hu*
Zu den größeren Weinveranstaltungen gehören die *Weintage in Balatonalmádi. www.balatonalmadi.hu*
Der *St.-Stephans-Tag* am 20. August wird fast überall mit kleineren oder größeren Festen gefeiert.

September

Weinlese in Badacsony Anfang des Monats. Höhepunkt ist ein Umzug, der die jahrhundertealten Weintraditionen der Region darstellt.
Keszthelyer *Tanzpanorama* Mitte des Monats: vom klassischen Ballett über modernen Tanz bis zum Volkstanz

Ritterspiele auf Burg Sümeg

Das Herz der Balaton-Riviera

Hier lässt es sich wunderbar entspannen, und zu entdecken gibt es auch einiges

Zu den Stränden, Yachthäfen und Strandbädern an der Balaton-Riviera, wie der Abschnitt des Sees zwischen Alsóörs und Balatonfüred genannt wird, gesellen sich zahlreiche kulturelle und landschaftliche Highlights. Angefangen von Tihany, der Halbinsel mit der herrlichen Benediktinerabtei, über den Kurort Balatonfüred mit seinen Villen bis zu lauschigen kleinen Weinorten wie Csopak.

ALSÓÖRS

[122 C3] Der alte Dorfkern liegt 1 km nördlich des Sees, doch Alsóörs (1000 Ew.) ist fast bis zum Balaton-Ufer »heruntergewachsen«. Hübsch ist der Ort vor allem um die reformierte Kirche herum. Bei einem ❂ Spaziergang durch die Gassen bieten sich herrliche Ausblicke.

SEHENSWERTES

Református templom (Reformierte Kirche)
Das einschiffige Gotteshaus aus dem 15. Jh. wurde im 18. Jh. im barocken

Weithin sichtbar ist Tihanys Wahrzeichen, die Abteikirche

Stil umgebaut. Von der Hauptstraße führt eine steile Treppe hinauf. *Fő utca*

MUSEUM

Török-ház (Heimatmuseum)
★ Das um 1600 erbaute, spätgotische Landhaus ist das älteste am Balaton. Seinem turbanartigen Schornstein verdankt es die Bezeichnung Török-ház (Türkenhaus). Heute beherbergt es das Heimatmuseum. Vom ❂ Innenhof eröffnet sich ein großartiges Balaton-Panorama. *Petőfi köz, Juni–Aug. Mo–Fr 14–19, Sa/So 9–12 und 14–19 Uhr*

ESSEN & TRINKEN

Halásztanya
In dem Fischrestaurant lädt der Chefkoch alljährlich Hobbyköche zum Wettbewerb um die beste Fischsuppe ein. Das Haus wurde zum *Hotel Laroba (25 Zi.)* erweitert. *Füredi út 42, Tel. 87/57 52 10, ganzjährig, www.hotellaroba.hu,* €€€

Yellowstone
Faire Preise, gute Pizza- und Pastaküche, aber auch ungarische Hausmannskost. Draußen eine umlaufende Terrasse mit kleiner Bar. *Szent István utca 40, Tel. 70/236 16 93,* €

Mauern und Ruinen erzählen Geschichte in Dörgicse

ist am Plattensee selten. In Balatonakali (600 Ew.) gibt es das mit der *Kossuth Lajos utca* noch. Die Strandabschnitte mit dem Hafen und den Schilfstreifen sind touristisch belebt, doch Hotels gibt es hier keine, dafür aber drei Campingplätze und Privatquartiere.

SEHENSWERTES

Kossuth Lajos utca

Im oberen, Richtung Bahnhof verlaufenden Teil der Kossuth Lajos utca zeigt sich Balatonakali noch von seiner ursprünglichen Seite. Unter Denkmalschutz stehen der *Hof mit der Nr. 2 aus dem Jahr 1724* und das *Haus Nr. 23 von 1770*.

Római katolikus templom (Römisch-katholische Kirche)

Sie wurde 1787 auf romanischen Mauern errichtet und 1827 im Barockstil umgebaut. *Kossuth Lajos utca*

ÜBERNACHTEN

Szandra Panzió

Am Service wurde nicht gespart: Es gibt ein separates Haus zur Entspannung mit Terrasse, Bar sowie Saunabereich mit Whirlpool. Pool im Garten, Restaurant für die Hausgäste. 800 m vom Wasser. *12 Zi., 2 Apartments, Suhatag utca 4–6, Tel./Fax 87/44 72 97, Juni–Okt., www.szandrapanzio.hu, €€*

ESSEN & TRINKEN

Mandula Csárda

In der Koppel Ziegen, Schafe und Esel – die Csárda mit Seeblick und ungarischem Essen ist eine kleine Idylle. *An der Landstraße 71, Fő út, Tel. 87/44 40 44, www.mandulacsarda.hu, €€*

AUSKUNFT

Tourinform

Strand sétány 1, Tel./Fax 87/57 50 01, alsoors@tourinform.hu

ÜBERNACHTEN

Camping

9 ha Balaton-Ufer belegen allein die beiden benachbarten Campingplätze *Strand-Holiday (300 Plätze, Tel. 87/54 40 31, Fax 54 40 22, www.balatontourist.hu)* und *Levendula Naturista (260 Plätze, Tel. 87/54 40 11, Fax 54 40 12, www.balatontourist.hu)*, einer der besten FKK-Plätze.

BALATONAKALI

[122 A4] Eine Dorfstraße nahe dem See mit alten Bauernhäusern – das

Club-Pension Residenz
Eine familienfreundliche Urlaubsoase 150 m vom See mit viel Komfort und tollem Garten (Schwimmteich, Wasserfall, Grill, Kinderspiel- und Sportplatz). Für Aktive: Katamaran, Surfbrett, Kanu, Fahrräder, Tischtennis. *9 Zi./Apartments, Sósi Földek 2, Tel./Fax 87/44 45 78, www.pension-residenz.de, €€*

ZIELE IN DER UMGEBUNG

Balatonszepezd [121 F5]
Der kleine Ort (450 Ew.) mit seinen Natursteinmauern und Gassen liegt am Öreg-Berg. Sehenswert sind die alten Reetdachhäuser in der Árpád utca und zwei Kirchen. Die romanischen Säulen der Reformierten Kirche *(református templom),* die die Kanzel tragen, stammen aus dem 12. Jh. Die römisch-katholische Kirche *(római katolikus templom)* ist romanischen Ursprungs und wurde im 18. Jh. im Barockstil umgebaut.

Dörgicse [122 A4] *Insider Tipp*
Auf die nur 300 Ew. dieses pittoresk von drei Hügeln bestimmten Dorfes 5 km nördlich kommen drei Kirchen und drei Kirchruinen. Der Grund für diesen Reichtum: Das 900 Jahre alte Ortsensemble entstand aus drei Dörfern. Jedes brachte seine Kirchen mit in die kommunale Ehe ein. Gute Weine bekommen Sie im *Weingut Pántlika (Fő utca 42, www.pantlika pinceszet.hu).*

Nagyvázsony [121 F3]
Eine Attraktion von Nagyvázsony (1800 Ew.) gut 10 km nördlich ist die ★ *Burg des Pál Kinizsi (Kinizsi*

MARCO POLO Highlights
»Nordostufer«

★ **Tihany**
Die Halbinsel mit der Benediktinerabtei ist ein Juwel (Seite 40)

★ **Kurzentrum**
Wunderbar restauriert: das historische Kurzentrum in Balatonfüred (Seite 33)

★ **Török-ház (Heimatmuseum)**
Heimatmuseum in einem der schönsten spätgotischen Häuser am Balaton in Alsóörs (Seite 27)

★ **Csopak**
Ein typisches Weindorf mit Flair (Seite 39)

★ **Vízimalom (Wassermühle)**
Die alte Mühle am Pécsely-Bach in Örvényes ist ein Idyll (Seite 37)

★ **Burgberg**
Fünf Kirchen und die Burg erheben sich über der Stadt Veszprém (Seite 33)

★ **Burg des Pál Kinizsi**
Beeindruckende Burgruine mit Panoramablick in Nagyvázsony (Seite 29)

★ **Golfplatz**
In Balatonudvari – mit Seepanorama und Naturschutzgebiet (Seite 38)

Trotz Abbaus wirkt der Basaltkegel Hegyestű noch mächtig

Vár, 1446–1494), der es vom Müllerburschen bis zum Heerführer von König Matthias brachte. Vom 26 m hohen Turm hat man einen herrlichen Blick. Das *Kinizsi Vármúzeum (Burgmuseum, Vár út 9, Mai–Aug. tgl. 9–19, April, Sept., Okt. Di–So 9–17 Uhr)* zeigt die archäologische Erschließung der Anlage.

Zánka   [121 F5]
Beherrschend am Ufer in Zánka ist das *Kinder- und Jugendzentrum Zánka,* das Platz für 3000 Personen bietet: Hotelgebäude, Apartments, Holzhäuser, Camping, Anglerranch, vielfältige Sportangebote. Hier sind Gruppen, aber auch Einzelgäste und Familien willkommen. Lohnend ist eine Fahrt von Zánka ins 4 km nördlich gelegene *Szentantalfa.* Essen können Sie dort im *Gasthaus Zsóka Fogadója (Fő út 33, kein Tel., €).* Besonders malerisch ist das Weintal *Zánka Nivegy-völgyi Borút (www.balatoniborut.hu):* Folgen Sie dem Schild

Insider Tipp

»Szent-Blasius templom« (Kirche) am Dorfende – dort liegt das Weingut *Gergely Borház (László Szabó & Sohn).* Fährt man von Zánka 4 km in Richtung Köveskál, ist der imposante Basaltkegel *Hegyestű* (»spitze Nadel«) ausgeschildert.

BALATONALMÁDI

[122 C3] Die Kleinstadt (8000 Ew.) am Ende des Nordostufers wird von 200–250 m hohen Sandsteinhügeln gerahmt. Zu Balatonalmádi gehören auch der bergwärts gelegene Ort *Vörösberény* mit seinen Kulturdenkmälern sowie das hügelige Villenviertel *Káptalanfüred.*

SEHENSWERTES

**Aussichtspunkte (Kilató)
Óvári und Szabadság**
 Wie schön Balatonalmádi liegt, zeigt sich vom Aussichtspunkt *Óvári,*

den man von der St.-Emmerich-Kirche im Zentrum nach einem kurzen Spaziergang durch die Batthyány utca dorfaufwärts erreicht. Ein ebenfalls sehr schöner Aussichtspunkt ist der 296 m hoch gelegene *Szabadság-Turm* westlich von Balatonalmádi.

Vörösberényi református erődített templom (Kirchenfestung Vörösberény)

Diese einzige noch erhaltene mittelalterliche Wehrkirche des Balaton-Oberlandes ist von Mauern mit Schießscharten umgeben. *Vörösberény, Veszprémi út/Ecke Erkel Ferenc utca*

Szent Imre római katolikus templom (St.-Emmerich-Kirche)

Der besondere Schatz der katholischen Kirche, 1930 gebaut, ist die Kapelle der heiligen Rechten mit Goldmosaiken. Der Schrein soll der Aufbewahrungsort der rechten Hand des ersten Königs Stephan I. gewesen sein. Sie wird als Reliquie verehrt. *Óvári utca 47*

Szent Ignác római katolikus templom (St.-Ignatius-Kirche)

Die barocke katholische Kirche in Vörösberény, 1779 erbaut, beherbergt Fresken aus dem Leben des Ignatius von Loyola, des Gründers des Jesuitenordens. *Templom tér*

ESSEN & TRINKEN

AYC Restaurant & Café

Mit dem Hotel Ramada kam auch die Klientel für dieses Restaurant am Almadi Yacht Club – ein Treffpunkt der ungarischen Society. *Véghelyi Dezső utca 5, Tel. 88/59 43 06, ganzjährig,* €€€

Éva

Rustikales Weingartenrestaurant und Pension *(10 Zi.)* mit Pool und Sauna im Grünen in Káptalanfüred. *Fülemüle utca 1–3, Tel./Fax 88/43 85 42, www.evapansio.hu,* €

Kerekes Csárda

Insider Tipp

Die Csárda ist ein Genuss – wegen ihrer tollen Lage mit Panoramablick, wegen der Terrassenplätze unter der großen Eiche und wegen der guten Küche. Auch drei Pensionszimmer (€). *Mátyás király utca 60, Tel./Fax 88/43 09 45, http://vnet.hu/csarda,* €€

Keresztes Vendéglő

Einen tollen Seeblick und echte Hausmannskost gibt es in der Gaststätte von Irének und ihrem Mann Andor. *Mátyás király utca 15, Tel. 88/43 18 50,* €

ÜBERNACHTEN

Balaton Glashotel

Direkt am Ufer mit eigenem Strandbad, zeitgemäßer Dreisternekomfort. *62 Zi., Budatava utca 3, Tel. 88/57 43 40, Fax 57 43 41, www.hotels.hu/glashotel,* €€

Páfrány Pension

In diesem Villenbungalow mit Garten lädt Chefin Ilona Pfisterer ihre Gäste zu einem typisch ungarischen Abendessen ein. *5 Zi., Móra Ferenc utca 8, Tel. 30/285 39 01, Fax 88/43 27 38, www.balaton.hu/pafrany,* €€

Ramada Hotel & Resort Lake Balaton

Mit Bar, Lobbybar, Restaurant *Levante* und Vitalclub mit 25-m-Becken im Hallenbad. Von der *Sky*

Imposant erhebt sich der Burgberg mit seinen Kirchen über Veszprém

Lounge haben Sie einen herrlichen Seeblick. *210 Zi., Bajcsy-Zsilinszky út 14, Tel. 88/62 06 20, Fax 62 06 22, ganzjährig, www.ramada balaton.hu, €€€*

Vöröskő Pension

☀ Die Reihenhausanlage am Hang mit großer Rasenfläche, Swimmingpool und Restaurant bietet beste Seeblicke. *8 Zi., Alsóörsi határút utca 16, Tel. 88/43 82 41, www.vorosko.hu, €€*

SPORT & STRÄNDE

Der große Wesselényi-Strand wird von den östlich und westlich gelegenen Stränden Káptalanfüred und Budatava flankiert. Ein 6-km-Wanderrundweg, der am Rathausplatz beginnt, führt über den Aussichtsturm und den unter Naturschutz stehenden Alten Park am Balaton zu den schönsten Zielen in der näheren Umgebung von Balatonalmádi. Tennisplätze gibt es an mehreren Stellen u. a. gegenüber dem Yachthafen. Der *Aramis Lovas Club (Geländereiten 2500 Forint pro Pers./Std., Mátyás király utca 60, bei der Kerekes Csárda)* ist eine gepflegte Anlage für Reiter hoch über dem Balaton.

AUSKUNFT

Tourinform

Városház tér 4, Tel. 88/59 40 81, Fax 59 40 80, balatonalmadi@tour inform.hu

ZIELE IN DER UMGEBUNG

Felsőörs [122 C3]

Eine schöne Fahrt oder Wanderung durch Weinanbaugebiete ist die 4-km-Tour ins noch sehr ursprüngliche Bergdorf Felsőörs (800 Ew.). Die Kirche der heiligen Maria Magdalena aus rotem Sandstein wurde im 13. Jh. erbaut, 1552 von den Türken zerstört und 1963–68 wieder im gotischen Stil aufgebaut. Ein Schmuckstück ist das Restaurant *Udvarház (Fő utca 22, Tel. 30/640 71 46, Fax 87/47 75 21, www.udvarhaz.hu, €)*. Der lang gestreckte, weiße Bauernhof von 1862 (mit Garten) ist, wie es das kaum mehr gibt, im alten Stil eingerichtet, und am Herd steht eine waschechte ungarische Hausfrau mit Liebe zur landestypischen Küche.

Herend [122 A1]

Die berühmte *Porzellanmanufaktur von 1826* mit einem Porzellanmuseum ist den 27 km langen Abstecher ins Hinterland wert. Ein Film erzählt die interessante Geschichte der auch heute noch erfolgreichen Manufaktur *(Kossuth Lajos utca 137, April–Okt. tgl. 9–16.30 Uhr, Nov. bis März Mo–Sa 9–15.30 Uhr)*. Von kostbarem Herend-Porzellan essen die Gäste im manufaktureigenen Restaurant und Kaffeehaus *Apicius (Tel. 88/52 32 62, Fax 26 15 18, www.porcelanium.com, €€€)*. Wenige Kilometer weiter, in *Bánd*, lohnt die Einkehr in das originalgetreu restaurierte schwäbisch-ungarische Hirtenhaus *Udvarház (Petőfi utca, Tel. 88/27 24 24, €€)* mit seinem einladenden Restaurant.

Veszprém   [122 B2]

Das kulturhistorische Herz der 12 km nordwestlich gelegenen Stadt (65 000 Ew.) ist die Burg von 1776, die man durch das Heldentor betritt. Am entgegengesetzten Ende, von den Standbildern des Herrscherpaares Stephan I. und Gisela, hat man einen wunderbaren Blick bis zu den Gipfeln des Bakony-Gebirges. Auf dem ★ Burgberg erzählen fünf Kirchen Geschichte. Die älteste erhaltene ist der *Dom St. Michael (Szent Mihály Székesegyház, Vár utca 20)*, eine Perle der Frühgotik die *Gisela-Kapelle (Gizella-kápolna, Vár utca 18)* mit ihren Apostelfresken. Benannt ist sie nach der Frau des ersten ungarischen Königs Stephan I., der ihr, einer bayerischen Herzogstochter, in Veszprém im 11. Jh. eine Burg baute. Dem königlichen Erlass, dass auch alle zukünftigen Königinnen in der Stadt gekrönt werden sollten, verdankt Veszprém den Beinamen Stadt der Königinnen. Im *Museum der Königin Gisela (Gizella királyné múzeum, Vár utca 35, Mai–Mitte Okt. tgl. 10–16 Uhr)* ist Kirchenkunst aus-

gestellt. Ein architektonisches Juwel des Barock ist das *Erzbischofspalais (Érseki palota)*. Es kann auch im Rahmen von Führungen besichtigt werden *(Vár utca 16–18, Mai–Mitte Okt. Di–So 9–16 Uhr, Führungen zur vollen Stunde)*. Einen prima Blick auf den Burgberg haben Sie vom *Restaurant Tapó (Pajta utca 19, Tel. 88/59 14 50, www.tapo.hu, €€)*, einem Haus mit schönen Ziegelgewölbedecken, das ungarische Küche serviert.

BALATONFÜRED

Karte in der hinteren Umschlagklappe

[122 B3] Der älteste und einst mondäne Bade- und Kurort am Balaton (15 000 Ew.) ist auf dem besten Weg, an seine glanzvollen Zeiten anzuknüpfen. Das historische ★ *Kurzentrum* zwischen Gyógy tér, Blaha Lujza utca und der Strandpromenade wurde großartig restauriert. Allein in dieser Ecke entstanden zwei neue Luxushotels: das Grandhotel Anna und das Hotel Silver. Seinen besonderen Ruf verdankt Balatonfüred dem milden Klima, dem Wein und vor allem der Heilwirkung des Füreder Wassers. Das alte Dorf Füred liegt nicht direkt am See, sondern am Fuß des 316-m-Hügels Tamás-hegy. Oben am Berg lebten die »normalen« Menschen, die Bauern und Kleinadligen, unten am See residierte die exklusive »gute« Gesellschaft.

1772 erlangte Balatonfüred offiziell den Status Heilbad und entwickelte sich im 19. Jh. zu einem Kurort der Elite des Landes. Hier entstand auch 1831 aus Protest gegen die Habsburger das erste Theater, in dem in ungarischer Sprache gespielt

Direkt über der Quelle erbaut: Trinkhaus in Balatonfüred

wurde. Intellektuelle wie der Dichter Sándor Kisfaludy sowie fortschrittliche, aufgeklärte Aristokraten wie Graf Széchenyi bildeten den Kern einer kulturellen, wirtschaftlichen und politischen Elite. Graf Széchenyi ließ den Platz Gyógy tér gestalten. Auf Széchenyi geht auch die Entwicklung Balatonfüreds zum renommierten Herzzentrum zurück. An der Stelle der einstigen Badehäuser am Gyógy-Platz steht heute eine Herzklinik.

SEHENSWERTES

Blaha Lujza utca
Diese Straße geht vom zentralen Platz des Kurzentrums ab, dem Gyógy tér. Nahezu alle Gebäude stehen unter Denkmalschutz. Den Abschluss bildet die architektonisch interessante *Runde Kirche (Kerektemplom)* von 1846.

Horváth-ház (Horváth-Haus)
Die 1798 erbaute und 1843 nach einem Brand im klassizistischen Stil

wieder errichtete Villa der Familie Horváth von Szentgyörgy war der Treffpunkt der Intelligenzia und der feinen Gesellschaft des 19. Jhs. Das Horváth-Haus war nicht zuletzt Gastgeber für den legendären Anna-Ball. Er fand erstmals 1825 statt und ist auch heute noch jeden Juli *das* gesellschaftliche Ereignis in Balatonfüred. Im Zuge der Restaurierung wurde das Horváth-Haus zu einem luxuriösen Apartmenthaus umgebaut. *Ady Endre utca 13*

Panteon (Pantheon)
Das hinter der Kossuth-Quelle liegende Gebäude beherbergt in seinem Arkadengang ein Pantheon mit Gedenktafeln für Persönlichkeiten, die sich im 19. und frühen 20. Jh. um Balatonfüreds Entwicklung verdient gemacht haben. *Gyógy tér 1*

Tagore sétány
Die platanengesäumte Tagore-Uferpromenade verdankt ihren Namen dem indischen Dichter Tagore. Er begründete 1926 den Brauch, dass prominente Kranke, die geheilt werden, dort einen Baum pflanzen.

Tamás-hegy
Am Fuß des Hügels Tamás liegt die 120 m lange *Lóczy-Barlang-Höhle (am Ende der Öreghegyi utca, Mai bis Sept. tgl. 10–18 Uhr)* mit ihren von Thermalwasser ausgespülten Nischen. Von der Höhle geht es weiter zum ✵ *Jókai-Aussichtsturm (Jókai kilató)* auf dem Tamás-hegy.

Kossuth-forrás (Trinkhaus)
Gegenüber der Herzklinik am Gyógy tér liegt das klassizistische Trinkhaus von 1800. Es wurde über der *Kossuth-Quelle* errichtet. Das Wasser ist frei zugänglich.

Café Bergmann

Die besten Torten am Balaton, vor allem Ungarnklassiker wie Dobos-Torte und feines Eis gibt es in den beiden Bergmann-Cafés. *Petőfi Sándor utca 64 und Zsigmond utca 1*

Hordó Csárda

Nach der Jagd kehrt auch schon mal der spanische König Juan Carlos in die urige Csárda zwischen Weinanpflanzungen ein. Terrasse, Weinkeller, Livemusik und Programme wie Bauernhochzeit oder Weinlese. *Von der Straße 71 Richtung Tihany bei der Shell-Tankstelle rechts, dann ist es die linke Csárda, Tel. 87/ 48 20 17, €€*

Stefánia Vitorlás

Restaurant und Café direkt am Seeufer bei der Mole. *Tagore sétány 1, Tel. 87/34 34 07, €€*

Tölgyfa Csárda

Unter neuer Leitung zur rustikal-gemütlichen Oase aufgeblüht. Zu essen gibts typische Hausmannskost.

Im Juli und August auch Weinverkostungen und Folkloreprogramme. *Meleg-hegy im Norden von Balatonfüred (Csárda utca, ganz am Ende der Straße), Tel. 87/34 30 36, €*

Figula Wines

Mihály Figula wurde als bislang einziger Balaton-Winzer mit dem Titel Winzer des Jahres ausgezeichnet. Das Familienweingut baut auf 16 ha Weißweine an. Außer dem Traditionshaus mit dem schönen Balaton-Panorama gibt es für Verkostungen auch ein neues Gebäude mit zwei Doppelzimmern für Pensionsgäste. *Siske utca 44 b (von der Straße 71 dem Schild »Tölgyfa Csárda« folgen), Tel./Fax 87/34 35 57, www.figula.hu*

Märkte

Am Kreisverkehr Richtung Tihany liegt der *Annagora-Markt (Fürdő út)* in einer Anlage im griechischen Stil mit Buffetrestaurant. Die Weine der Region lernen Sie im *Balatoni Borok Háza* **Insider Tipp** kennen. *Blaha Lujza utca 5, Juni–Sept. tgl. 9–21, Okt.–Mai 9–18 Uhr*

Retter in der Not

Baywatch auf Balaton-Art

Im Rampenlicht stehen die 240 Männer und Frauen des Wasserrettungsdienstes nicht. Stillschweigend retten sie jedes Jahr um die 200 Schwimmer, Segler oder Angler, und sie bewahren viele davor, überhaupt in Gefahr zu geraten. Aber nicht selten sind Schimpfkanonaden die Antwort auf die Versuche, Unvorsichtige vor Schlimmerem zu bewahren. Viele Urlauber unterschätzen die Gefahren und halten die Rettungskräfte – zumeist ehrenamtliche Helfer – für Spielverderber. Aber die wissen genau, was sie tun: Starke Winde kommen oft aus heiterem Himmel, und dann wird es ebenso schnell wie überraschend gefährlich.

Annabella

Ein familienfreundliches Strandhotel mit Kinderanimation, zwei Swimmingpools und allem Drum und Dran: Verleih von Wassersportgeräten, Basketball, Billard, Restaurant, Biergarten, Bar. *388 Zi., Deák Ferenc utca 25, Tel. 87/88 94 00, Fax 88 94 12, www.danubiusgroup.com/annabella,* €€

Astoria

In der gelb-weißen Villa von 1869 mit Restaurant wohnen Sie in stilvoll restauriertem Rahmen zu moderaten Preisen. Ein besonderer Hingucker ist die bemalte Decke der Eingangshalle. *15 Zi., 2 Apartments, Jókai utca 28, Tel./Fax 87/34 36 43, hotelastoria@freemail.hu,* €€

Flamingó

Strandhotel mit Poollandschaft (Blick auf die Halbinsel Tihany), Indoorpool und Wellnessangebot. Auch bei Familien sehr beliebt. *90 Zi., Széchenyi utca 16, Tel. 87/58 10 60, Fax 48 11 67, ganzjährig, www.flamingohotel.hu,* €€€

Füred Camping

Eine Ferienwelt für sich mit Strandbad, Erlebnisschwimmbad, Riesenrutsche, Tennis, Wasserskianlage, vielfältiger Gastronomie und Shoppingpassagen. *940 Plätze, Széchenyi utca 24, Tel. 87/58 02 41, Fax 58 02 42, www.balatontourist.hu*

Gold Haus

Komfortpension mit Pool 600 m vom See. *10 Zi., Móricz Zsigmond utca 23, Tel./Fax 87/48 28 17, www.hotels.hu/gold,* €

Veronika

Gästehaus in Strandnähe, Zimmer mit Miniküche, dazu Garten und Pool. *8 Zi., Munkácsy Mihály utca 10, Tel. 87/34 00 22, www.veronikahaus.hu,* €

Die Strände an der weiten Bucht liegen östlich (*Kisfaludy-Strand* und *Es-*

Balatonfüreds Strände erstrecken sich über die ganze Länge der Bucht

terházy-Strand) sowie westlich (Camping Füred, Hotelstrände). Der *Strand des Camping Füred* bietet u. a. eine Riesenrutsche, ein Erlebnisbad, interessante Kinderbecken, einen eigenen Kindersandstrand und viel Wassersport, dazu Restaurants und Cafés. Der Segelsport hat in Füred Tradition *(BYC Yacht Club Balatonfüred, Zákonyi utca 2)*. Gegenüber dem Camping liegt der <mark>Annagora Aquapark</mark> mit vielen Actionattraktionen, Restaurants, Bar und Bühne. *Fürdő utca 35, Sommer tgl. 9–19 Uhr, Mitte Juli–Mitte Aug. auch 21–2 Uhr*

insider TIPP

AM ABEND

Die *Tagore sétány* und die *Mole*, die zur Bühne wird, sind im Sommer Veranstaltungsorte für Events wie Folklore-, Wein- oder Tanzfestivals.

AUSKUNFT

Tourinform
Petőfi Sándor utca 68, Tel. 87/ 58 04 80, Fax 58 04 81, balatonfu red@tourinform.hu

ZIEL IN DER UMGEBUNG

Koloska-Tal [122 B3]
Nördlich von Balatonaracs, einem Ortsteil von Balatonfüred, liegt das Koloska-Tal. Überragt wird es von dem 345 m hohen *Péter-hegy*. In diesem idealen Wanderrevier hat sich der Bach tief in die Sedimentschichten des einstigen Pannonischen Meeres eingegraben. Nahe dem Tal liegt das Gasthaus Koloska (an der Straße 71 ausgeschildert). Sie können hier auch reiten. *Koloska Csárda, Koloska völgy, Tel. 87/ 70 30 37, www.restaurantguide.hu/ koloska, €€*

BALATONUDVARI/ ÖRVÉNYES

[122 A–B4] Das Dorf Balatonudvari mit 350 Ew. und der Flecken Örvényes mit knapp 200 Ew. haben eines gemeinsam: Sie sind ideale Ziele für Reisende, die Ruhe, einen guten Wein, Ausritte oder Wanderungen in noch intakter Natur zu schätzen wissen. Der kleine Bahnhof, eine Galerie, die Dorfstraße mit noch traditionellen Häusern und ein gepflegter, ruhiger Strand sind das Herz von Balatonudvari. Bislang gibt es nur wenige Privatquartiere und einen Campingplatz im Ort, doch der neue Golfplatz und der geplante Yachthafen sollen den Aufschwung bringen. Geplant ist z. B. ein Golfhotel.

SEHENSWERTES

Friedhof Balatonudvari
Als Zeichen seiner Liebe meißelte ein Steinmetz, dessen Verlobte im Plattensee ertrunken war, einen Grabstein in Herzform. Und so mancher in Balatonudvari tat es ihm nach. Die herzigen Steine stehen unter Denkmalschutz. *An der Straße 71*

Szent Imre templom (St.-Emmerich-Kirche)
Der Drei-Straßen-Ortskern von Örvényes liegt an der zwischen 1778 und 1783 erbauten St.-Emmerich-Kirche. Das Haus Nr. 38 aus derselben Zeit ist ein schönes Beispiel für volkstümlichen Baustil. *Szent Imre utca*

Vizimalom (Wassermühle)
★ Ein pittoreskes Stillleben am Ortseingang von Örvényes: Auf dem

Nach der Lese das Fest

Schon die Habsburger schätzten ungarische Weine

Als Graf Festetics Maria Theresia, die österreichische Kaiserin und ungarische Königin, in seinem Schloss in Keszthely bewirtete, tischte er voller Stolz 300 (!) verschiedene ungarische Weine auf. Weinanbau – insbesondere die Lese – ist ein hartes Stück Arbeit. Entsprechend zünftig wird im Herbst gefeiert. Traditionell schmort über dem Feuer stundenlang ein scharfes *pörkölt* aus Hammelfleisch. Den Abschluss der Lese bilden der Winzerball und der Winzerumzug. Der Tradition gemäß ist am Plattensee auch immer eine so genannte Weinglocke dabei. Sie besteht aus einem Bündel Trauben in Glockenform, aufgehängt an einer Stange, die von zwei Männern getragen wird.

Hügel nahe der Straße 71 liegt die romanische Natursteinkirche auf dem kleinen Friedhof, ihr gegenüber die romantische Wassermühle (1211 errichtet) mit einem *Museum (Mai bis Mitte Sept. Di–So 9–16 Uhr)* in der Stube des Müllers. Nur wenige Schritte weiter überspannt eine zweibogige barocke Steinbrücke aus dem 18. Jh. den Bach Pécsely. Das Bachtal ist im Sommer ein schöner Wanderweg.

ESSEN & TRINKEN

Insider Tipp
Laci Pince Csárda

Das reetgedeckte Ensemble in Balatonudvari mit Weinkeller und großer ✺ Terrasse ist ein idealer Platz, um die Seele baumeln zu lassen. Genießen kann man hier eine phantastische Aussicht auf den Balaton, die gute regionale Küche und Weine aus eigenem Anbau (z. B. trockenen Welschriesling und Grauen Mönch). *2,5 km von der Straße 71, Öreghegy, Tel. 87/70 48 22, www.lacipince. hu, €€*

ÜBERNACHTEN

Insider Tipp
Malomház

Eine Idylle in freier Natur! Wer die Straße zur Laci Pince Csárda und zum Golfplatz weiterfährt, erreicht dieses 3 ha große Anwesen mit einem restaurierten Mühlenhaus mit Bach und Mühlteich. *6 Zi., Malomvölgy, Tel./Fax 24/46 34 94, beret vas-kert@freemail.hu, €*

SPORT & STRÄNDE

Das Balaton-Ufer zwischen Örvényes und Balatonudvari hat noch schöne schilfbestandene Abschnitte und steht östlich von Balatonudvari bis zur Halbinsel Tihany unter Naturschutz. Beide Orte verfügen über Strände; der von Balatonudvari liegt beim Dorfzentrum neben dem Bahnhof. Ein neues Highlight ist der an ein Naturschutzgebiet grenzende ★ Golfplatz *(Royal Golf und Yacht Club, www.balatongolf.hu)* mit Seepanorama. Ab Herbst 2007 soll er 18 statt der bisher neun Löcher umfassen.

CSOPAK

[122 B–C3] ⭐ Der Ortskern des 700 Jahre alten Weindorfs (1500 Ew.), umgeben von Reben und Obstgärten, liegt 1 km nördlich der Straße 71 am Hang. Der Weinanbau hat in Csopak eine über Jahrhunderte ungebrochene Tradition. Davon zeugen die vielen Kelterhäuser in den Weinbergen. Südlich der 71 gibt der Ferienbetrieb den Ton an, vor allem entlang der Orkay István sétány.

SEHENSWERTES

Református templom (Reformierte Kirche)
Eine spätbarocke Hallenkirche von 1803 mit einem dreigeteilten Gewölbe. *Paloznaki utca 2*

ESSEN & TRINKEN

Dobó Vendéglő
Im Zentrum, mit schöner Terrasse im Innenhof und lokalen Spezialitäten. *Kossuth utca 103, Tel. 87/44 64 25, www.restaurantguide.hu/dobo, €*

Kerekedi Csárda
Trotz der Lage an der Straße sitzen die Gäste auch draußen relativ abgeschirmt. Diese Csárda mit pittoreskem Keller ist ein Spiegelbild der Sammelleidenschaft ihres Besitzers. Von Strohpuppen bis zu altem Hausrat: Bei ihm wird alles dekorativ zur Schau gestellt. *Von Csopak Richtung Balatonfüred rechts der Straße 71, Tel. 87/70 58 42, www.csopak.hu/kerekedicsarda, ganzjährig, €*

Malom Csárda
Ein Idyll am Bachufer. Das Mühlrad des 150 Jahre alten Anwesens dreht sich noch immer. Hauseigene Spezialitäten sind selbst geräucherte Würste oder Räuberbraten. *Veszprémi utca 3, Tel. 87/44 60 63, €€*

Söptei Pincészet és Étterem
Draußen sitzt man unter Weinlaub, die Karte bietet interessante Variationen der ungarischen Küche, z. B. Geschnetzeltes vom Huhn mit Zucchini und Schafskäse. Hauseigene Weine und Traubensäfte. *Istenfia utca 5 (von Csopak kommend rechts der Füredi utca), Tel. 87/34 02 01, www.sopteipince.hu, €€*

EINKAUFEN

Jásdi Pince
Der 40 m lange Keller dieses Weinguts ist ein klassizistisches Schmuckstück. Er war im 19. Jh. das Herzstück der Kellerei des Bischofs von Veszprém. Jásdi-Weine zählen zu den besten am Balaton. Verkauf und Verkostung im Weingut. *Arany J. utca 2, Tel./Fax 87/44 64 52, www.jasdipince.hu*

ÜBERNACHTEN

Comfort Hotel Csopak
Ein renoviertes, vierstöckiges Haus am Strandbad. Tennis, Swimmingpool, im Sommer Animationsprogramme, All-inclusive-Verpflegung. *42 Zi., Örkény sétány 1, Tel. 88/54 44 44, Fax 54 44 55, www.balatontourist.hu, €€*

Park Villa
Eine für 2,5 Mio. Euro umgebaute einstige Sommerresidenz des Ordens der Englischen Fräulein in einem Park. Die Hauptvilla beherbergt die Verwaltung des Nationalparks Balaton-Oberland, das zweite Ge-

bäude wurde zur Hotelpension umgebaut. Das Frühstück richten sich die Gäste im Frühstücksraum selber. Sieben Zimmer haben einen Kühlschrank. Erfreulich günstige Preise. *14 Zi., Kossuth utca 16, Tel. 87/ 55 52 65, Fax 55 52 61, ganzjährig, www.bfnpi.hu,* €

SPORT & STRÄNDE

Vor dem 15 000 m² großen Strandbad mit Riesenrutsche, in einer schönen Balaton-Bucht gelegen, können Sie einen Schluck Heilwasser aus der *Csopaker Sauerwasserquelle* trinken. Sie liegt direkt am Strandbadeingang. Von der Schiffsanlegestelle legen abends Promenadenschiffe zu Mondscheinpartys ab. Für ausgedehnte Wanderungen durch schöne Täler, Wein- und Hügellandschaften ist Csopak als Ausgangspunkt ideal (z. B. *Király-kút-Tal, Csákány-Berg* oder *Péter-Berg*).

ZIEL IN DER UMGEBUNG

Insider Tipp **Paloznak** [122 C3]

Wenn Sie von Csopak 2 km durch die ◥◣ Paloznak utca am Abhang eines Hügels zu dem benachbarten Weinort (350 Ew.) fahren, werden Sie von Weinpflanzungen begleitet. Traditionspflege spielt in dem charmanten kleinen Ort eine wichtige Rolle. Für den Erhalt typischer Balaton-Häuser wurde der Ort mit einem Preis ausgezeichnet. Reetgedeckte Bauernhäuser stehen noch in der *Petőfi utca* (Nr. 6 und 7) und in der *Fő utca* (Nr. 9, 14 und 16). Eine Besichtigung wert ist das *Heimatmuseum (Fő utca 6, Mitte Juni–Aug. Di bis So 9–12 und 16–18 Uhr)* in einem 200 Jahre alten Reetdachbauernhaus.

TIHANY

[122 B4] ★ Die wunderschöne Halbinsel Tihany (1800 Ew.) ist ein Kleinod, das sich kein Plattenseeurlauber entgehen lassen sollte. Auf welchem Weg man sich dem Idyll auch nähert – per Fähre (Fahrzeit von Szántódrév bei Siófok 10 Min.) oder auf dem Landweg –, schon die Fahrt über den Balaton oder entlang dem Ufer ist ein Vergnügen. Die Halbinsel ragt 5 km weit in den See hinein, ist 12 km² groß und steht schon seit 1952 unter Naturschutz. Geradezu überwältigende Ausblicke auf den Balaton hat man vom ◥◣ Plateau hinter der Abtei und der dort beginnenden Promenade Pisky. Von der Abtei führen die Wege abwärts, **Insider Tipp** vorbei an denkmalgeschützten Fischerhäusern und reetgedeckten Höfen aus dem typischen grauen Basalttuffstein. An manchen Tagen kommen bis zu 30 000 Besucher in den Ort. Die meisten kommen als Tagesbesucher aus den anderen Plattenseeorten mit der Fähre im südlich gelegenen Fährhafen an. Es ist angesichts der wenigen Parkplätze ratsam, Tihany zu Fuß zu erobern. Sie können den Wagen nahe dem Anleger abstellen und mit einer kleinen Bahn ins Zentrum hinauf- und wieder hinunterfahren.

SEHENSWERTES

Tihanyi Apátság (Abteikirche)

◥◣ König András (Andreas) I., der die Benediktinerabtei Tihany gründete, wollte die Klosterkirche im Jahr 1055 zur Begräbnisstätte für alle ungarischen Könige machen. Doch nur er selbst wurde in der über die Jahrhunderte erhalten gebliebenen romanischen Krypta beigesetzt. Die heutige Abtei wurde in den Jahren 1740–54 im Auftrag des Abtes Ágoston Lécs auf den alten Fundamenten erbaut. Im Gegensatz zum eher schlicht anmutenden Äußeren des barocken Gotteshauses mit den Doppeltürmen ist die Innenausstattung blendend schön. Die weit gehend vergoldeten Holzarbeiten an der Kanzel, den Altären und am Orgelgehäuse sind das Werk des österreichischen Rokokoschnitzers Sebastian Stuhlhoff, der 25 Jahre lang daran arbeitete. In der Krypta unter dem Hauptaltar ist das Grab des 1061 gestorbenen Königs Andreas I. zu besichtigen. *I. András tér*

Külső-tó und Belső-tó (Kraterseen)

Ein Kuriosum von Tihany sind die Kraterseen. Die Mulden bildeten sich, als der Geysirkegel entstand. Der *Belső-tó* (Innerer See) liegt 25 m über dem Balaton; er ist ein ideales Angelrevier. Von Lavendel umgeben, wirkt die Seelandschaft im Frühjahr wie ein blauer Teppich. Am *Külső-tó* (Äußerer See) nisten zahlreiche seltene Vogelarten.

Óvár (Alte Burg)

Ende der Bronzezeit entstand die am besten erhaltene Erdburg am Plattensee. Die *halomsírok* (Hügelgräber) der einstigen Fürsten der Erdburg liegen am Südhang des Erdschanzsystems. Sie wurden Anfang 1970 entdeckt.

Apátság múzeum (Abteimuseum)

Im einstigen Ordenshaus ein Museum zur Geschichte des Plattensees, der Halbinsel Tihany und der

Die barocke Abteikirche aus dem 18. Jh. ist das Wahrzeichen Tihanys

Abtei. Zu besichtigen ist auch eine Kopie der Gründungsurkunde des Klosters von König Andreas I. *I. András tér 1, Mai–Sept. tgl. 9–17.30, Nov.–März 10–15.30, April und Okt. 10–16.30 Uhr*

Bábamuzeum (Puppenmuseum)

Ein Muss für Puppenliebhaber! Jedes der 600 Exponate trägt eine Tracht oder andere kostbare Originalkleidung. *Visszhang utca 4, April–Okt. tgl. 10–17 Uhr*

Skanzen (Freilichtmuseum)

Wie lebte man früher in Tihany? Das Freilichtmuseum, auf Ungarisch *skanzen*, zeigt es am Beispiel mehrerer mit Liebe zum Detail einge-

Hunderte kostbarer Puppen in Trachten zeigt das Babamúzeum

richteter Häuser. Zu besichtigen sind u. a. das Haus der Fischerzunft und ein Töpferhaus. *Pisky sétány, Mai bis Sept. Di–So 10–18 Uhr*

ESSEN & TRINKEN

Balatoni ház

Mit Panoramaterrasse zum Balaton. Die täglich frischen Suppen oder Eintöpfe kocht die Frau des Hauses. *Halász köz 8–9, Tel. 87/ 44 86 08, €€*

Rege Cukrászda

Von der Terrasse haben Sie einen wunderbaren Blick über den Plattensee. Die Konditorei mit der schönen Terrasse ist in einem einstigen Wirtschaftsgebäude des Klosters untergebracht. *Kossuth Lajos utca 22, Tel. 87/44 82 80*

Tűz kert

Ein schönes Reetdachbauernhaus und leckere Gerichte aus dem ge-

mauerten Bauernofen, der im Garten steht. *Batthyány utca 15, Tel. 87/ 43 80 60, www.hidasikert.hu/tuz kert, €€*

ÜBERNACHTEN

Club Tihany

An der Südwestspitze der Halbinsel, in einem Uferpark mit 500 m eigenem Strand. Swimmingpool, großes Sportangebot, Kurzentrum (Thermalwasser aus der Tihany-Quelle) und Schönheitsfarm. *330 Zi., 160 Bungalows, Rév utca 3, Tel. 87/ 53 85 63, Fax 44 80 83, www.ho tels.hu/clubtihany_hotel, €€€*

Nyírfa Ház

Insider Tipp

Die drei reetgedeckten Häuser von 1830 gehörten einst zur Benediktinerabtei. Die Anlage mit Pool ist ein gelungener Mix aus sensibel restaurierter Architektur, Antiquitäten, Topkomfort und großzügigem Zuschnitt der 16 Apartments – am schönsten Nummer 14, 15 und 16 unterm Dach. *Major utca 61, Tel. 30/ 386 90 25, Fax 87/44 86 87, www. nyirfahaz.com, €€*

Tihany Atrium

Nur 20 m vom Yachthafen und vom Strand entfernt, mit allem Komfort. Zimmer mit Internetanschluss, einige mit Terrasse und Seeblick. *25 Zi., Kenderföld utca 19, Tel. 87/ 53 81 00, Fax 53 81 01, www.hotel tihany.com, €€€*

Zöld Ház

Angenehm ruhig gelegene Pension, zwei Zimmer (jedes mit Bad) teilen sich eine Küche. Garten mit Swimmingpool. *Aranyház utca 32, Tel. 87/71 48 51, Fax 71 49 16, tosoki @canet.hu, €€*

EINKAUFEN

In kaum einem anderen Balaton-Ort können Sie sich im Sommer so reichlich mit Souvenirs eindecken wie in Tihany. Aber Vorsicht: Es ist im Allgemeinen sehr teuer. Man sollte in jedem Fall handeln. Die Auswahl an Keramik ist besonders groß und schön. Die Keramikkünstlerin Lydia Barth und ihr Mann präsentieren ihre Werke in schönen Schau- und Verkaufsräumen. *Batthyány utca 26*

SPORT & STRÄNDE

Erschlossen wird das Naturparadies durch Wanderwege (bei Tourinform gibt es eine Tihany-Wanderkarte). Der *Lóczy-Lehrpfad* führt z. B. zu den Hügeln Csúcs-hegy, Nyereghegy, zum Geysirfeld und aufs Kiserdö-Plateau. Tihany hat an der Ostseite drei Häfen. Ein Treffpunkt mit Seglerflair ist der *Yachtclub (Yacht Marina Tihany, Kenderföld utca 19, Tel. 87/44 87 07, www.thesail.hu)* für Privat- und Charterboote mit einer modernen Infrastruktur und *Segelschule für Kinder.* Neben diesem Hafen liegt der Hauptstrand mit einem sehr schönen Strandbad. Einen netten kleineren Strand finden Sie an der Westseite *(Sajkodi sor).*

AM ABEND

Ganzjährig Orgelkonzerte in der Abteikirche. Im Juli/August Folkloreabende im Hof des Freilichtmuseums und Veranstaltungen (auch auf Deutsch) auf der Freilichtbühne (Theater, Shows, Dixieland).

AUSKUNFT

Tourinform
Kossuth Lajos utca 20, Tel./Fax 87/44 88 04, tihany@tourinform.hu

ZIEL IN DER UMGEBUNG

Aszófő [122 B4]
Wenige Kilometer von Tihany liegt die Vinothek *Fodorvin (Hunyadi utca 9, Sommer Mo–Sa 9–18, So 9–12, Winter Mo–Fr 9–12 und 14–17, Sa 9–12 Uhr)* mit hauseigenen Weinen und Hungarica wie Tokaj-Weinen, kulinarischen Spezialitäten und Geschenkartikeln. Sehenswert ist die weithin sichtbare *St.-László-Kirche* von 1832 mit Empirekanzel und Altarbild.

Die Landschaft bei Tihany steht seit Mitte des 20. Jhs. unter Naturschutz

Idylle und mediterranes Flair

Eine Region für Liebhaber von Natur und Kultur – aber auch Genießer kommen auf ihre Kosten

Imposante Vulkankegel, sanft abfallende Weinhänge, traditionsreiche Weindörfer und malerische Balaton-Buchten machen das Nordwestufer und sein Hinterland zum bevorzugten Ziel für Individualreisende. Seine landschaftlichen Wahrzeichen sind der weithin sichtbare und von seiner Kuppe eine schöne Aussicht gewährende Berg Badacsony und das Káli-Becken. Der 437 m hohe und 11 km breite Berg Badacsony besteht seit 65 Mio. Jahren und prägt das Bild der Region. Angesichts des noch immer ursprünglichen Charakters der Káli-Dörfer verwundert es wenig, dass sie zu einem Magneten für Künstler und Lebenskünstler wurden, die viel zu einer naturnahen Belebung der Region beitragen. Das städtische Zentrum des Nordwestufers ist Keszthely mit seinem aristokratisch-schönen Stadtbild und einem Ambiente, das seinesgleichen am Plattensee sucht. An Bekanntheit übertroffen wird Keszthely jedoch von seinem kleinen städtischen Nachbarn, dem berühmten Kurort Hévíz mit dem einzigartigen Thermalsee.

Basaltberge setzen landschaftliche Akzente in einer fruchtbaren Ebene

Sommerliche Blütenpracht: Impression am Nordufer

BADACSONY

[121 E5] ★ Wie ein Göttersitz steht der majestätische Basaltbrocken Badacsony am Balaton und schiebt seinen südlichen Hang weit in den See hinein. Wer mit der Fähre über den See kommt, legt im Hafen von Badacsonytomaj an. Von dort aus geht es dann durch die Római út und die schmale, steile Szegedy Roza utca zwischen Weinstöcken und Kelterhäusern aufwärts. Die Namen Szegedy und Kisfaludy begegnen einem auf Schritt und Tritt. Sie stehen für einen romantischen Mythos: die Liebe zwischen dem Dichter Károly Kisfaludy und der Winzertochter Róza Szegedy. Flankiert wird der am südlichen Fuß des Berges gelegene

Ort Badacsony im Osten von *Bada-csonytomaj* und im Nordwesten von *Badacsonytördemic*. In den drei Dörfern leben etwa 3500 Ew.

SEHENSWERTES

Aussichtspunkte
❖ Fünf Aussichtspunkte gibt es auf der Badacsony-Kuppel, einem bewaldeten Plateau. Die Aufstiege sind recht anstrengend, doch egal, für welchen Sie sich entscheiden – der Blick ist phantastisch.

Basaltkirche Badacsonytomaj
Sie machte 1932 als erste Basaltkirche Europas Furore. Das Gotteshaus im neoromanischen Stil hat zwei 35 m hohe Türme. *Fő utca*

MUSEEN

József-Egry-Museum
Das einstige Haus des berühmten Balaton-Landschaftsmalers József Egry (1883–1951) erinnert an den Künstler und sein Werk. *Egry sétány 12, Mai–Sept. Di–So 10–18 Uhr*

Szegedy-Róza-Haus
Ende des 18. Jhs. im volkstümlichen Barockstil erbaut. Hier lernte der Dichter Károly Kisfaludy bei der Weinlese die 19-jährige Winzertochter Róza Szegedy, seine große Liebe und spätere Frau, kennen. Die oberen Zimmer sind ein Literaturmuseum. *Szegedy Róza utca 87, Mai bis Sept. Di–So 10–18 Uhr*

ESSEN & TRINKEN

Borbarátok
Ein traditionelles Badacsony-Haus mit guter Küche und Weinen der Region. Auch eine Pension mit sechs

Zimmern gehört dazu. *Római út 78, Tel./Fax 87/47 15 97, www.borba ratok.hu,* €

Kisfaludy-Ház Étterem
❖ Ein barockes Kelterhaus von 1790, das einst dem Dichter Kisfaludy gehörte. Der schöne Blick auf den Balaton zieht das Gros der Bergbesucher hierher. *Szegedy Róza utca 87, Tel. 87/43 10 16, www.kisfalu dyhaz.hu,* €€

Szent Orbán
Es gehört zum Reich der Szeremley, eines der besten ungarischen Weingüter. Neuere ungarische Küche, z. B. mit Gerichten von Graurindern und Mangalitzaschweinen aus eigener Landwirtschaft. Balaton-Blick von der ❖ Terrasse. *Kisfaludy utca 5, Tel. 87/43 13 82, ganzjährig, www.re staurantguide.hu/szent_orban,* €€€

ÜBERNACHTEN

Clubhotel Badacsony
Diese Hotelanlage am Balaton liegt in einem großen Park. Mit Strand, Anlegestelle und Swimmingpool. *70 Zi., Balatoni út 14, Tel. 87/47 10 88, Fax 47 10 40, www.badacsonyho tel.hu,* €€€

Haus Judit
Ein Haus mit Säulengang, geschwungenen Giebeln und gemütlicher, familiärer Atmosphäre. 250 m vom Strand. *4 Zi., Római út 96, Tel. 87/70 22 97, Fax 70 20 68,* €

Pension Szivárvány
Eine vom Garten (mit Pool) bis zu den Zimmern bestens ausgestattete Urlaubsoase. *11 Zi., Panoráma út 2, Tel./Fax 87/41 34 11, www.szivar vanyvendeghaz.hu,* €€

SPORT & STRÄNDE

Wer gerne wandert, hat dazu am Badacsony reichlich Gelegenheit. Die Wege ziehen sich, einem Spinnennetz gleich, längs des Berges und den Hügel hinauf. Sie werden außergewöhnlichen Naturformationen begegnen und immer wieder herrliche Ausblicke auf den Plattensee bzw. die Landschaften des Hinterlandes haben. Vom Róza-Szegedy-Museum führen z. B. Markierungen zu einem Rastplatz und weiter über steile Stufen zum Gipfel. Dort sind eine Reihe von Wegen ausgeschildert. Eine interessante Herausforderung ist die 464 Stufen hohe *Bujdosók lépcsője (Treppe der Flüchtigen).* Ihr Name erinnert an die nach der Niederschlagung des Rákóczi-Freiheitskampfes gegen die Habsburger hierher geflüchteten Kämpfer. Baden können Sie am Badacsony in der Hauptsache am östlichen Ufer.

AUSKUNFT

Tourinform
Badacsonytomaj, Park utca 6, Tel./Fax 87/43 10 46, badacsonytomaj@tourinform.hu

ZIELE IN DER UMGEBUNG

Kapolcs [121 F3]
In dem kleinen Ort Kapolcs (245 Ew.) 25 km nordöstlich von Badacsonytomaj ließen sich Budapester Künstler nieder und retteten ihn vor dem völligen Verfall. Mit ihrer Initiative trugen sie auch zu einer Belebung traditioneller Handwerkskünste, z. B. der Töpferei, bei. Das Künstlerdorf steht heute nahezu komplett unter Denkmalschutz. Jedes Jahr findet Ende Juli das mehrtägige Festival *Tal der Künste* statt. In der barocken römisch-katholischen Kirche von 1782 sind Fresken des österreichischen Künstlers Johann Cymbal

---

MARCO POLO Highlights
»Nordwestufer«

★ **Festetics kastély és (Schloss Festetics) und Helikon Kastélymúzeum (Schlossmuseum Helikon)**
Das prächtige Barockschloss in Keszthely (Seite 54)

★ **Káli medence (Káli-Becken)**
Einzigartige Landschaft mit hübschen Dörfern, Teichen und bizarren Felsen (Seite 58)

★ **Thermalsee**
Europas größter Thermalsee liegt mitten im berühmten Kurort Hévíz (Seite 52)

★ **Vár-hegy**
Burgberg und Burgruine von Szigliget auf 234 m Höhe sind ein Erlebnis (Seite 59)

★ **Tapolca**
Faszinierende Grottenwelt mit befahrbarem See (Seite 48)

★ **Sümeg**
Gut erhaltene Burganlage aus dem 14. Jh. (Seite 57)

★ **Badacsony**
Der berühmte Basaltberg ist ein Topziel für Plattenseeurlauber (Seite 45)

zu sehen. *Kossuth Lajos utca, neben dem Dorfhaus den Weg hinauf*

Landschaftsschutzgebiet
Badacsony   [121 E5]

Die schönste Naturattraktion des 7 ha umfassenden Schutzgebietes sind die bis zu 70 m hohen Steinorgeln an der nordöstlichen Seite des Berges. Sie sehen sie schon von der Straße aus, aber noch viel besser, wenn Sie dem in Kisapáti beginnenden markierten Weg folgen. Am Berg Kisörsi (Kleiner Örsi) bei Badacsony gibt es ein *Arboretum (Sommer tgl. 9–17 Uhr)* mit Bäumen aus aller Welt.

Tapolca   [121 D4]

★ Das Interessanteste in Tapolca (18 000 Ew., 12 km von Badacsony) liegt unter der Erde. Es ist eine *Grottenhöhle (Kisfaludy utca 2, April bis Mitte Juni und Mitte Aug.–Okt. Di bis So 10–17, Mitte Juni–Mitte Aug. tgl. 10–18 Uhr)* mit beeindruckenden Felsenhallen, Tropfsteingebilden und einem See, auf dem Besu-cher Boot fahren können. Kleinere Kinder mitzunehmen ist allerdings nicht ganz ungefährlich, da die Boote leicht kippeln und das Wasser recht tief ist. In der Höhle herrscht ein Heilklima, das zu Kurzwecken genutzt wird.

Grottenkuren und ein modernes Wellnessangebot bietet das *Pelion Hotel (228 Zi., Köztársaság tér, Tel./ Fax 83/51 31 00, Fax 51 31 01, www.hunguesthotels.hu, €€€)*. Eine weitere Sehenswürdigkeit von Tapolca ist der Mühlenteich beim *Hotel Gabriella (14 Zi., Batsányi tér 7, Tel. 87/51 10 70, Fax 51 10 77 www.hotels.hu/gabriella, €€)*. Das Haus stammt aus dem frühen 19. Jh.

BALATONGYÖRÖK

[121 D6] Der kleine Ort (750 Ew.) in herrlicher Lage an der Ostseite einer breiten Landzunge, einst Eigentum der Familie Festetics, bestand ur-

200 Jahre alt ist das Mühlrad in Tapolca

sprünglich nur aus der Balaton-Straße am See und hatte bereits um die Wende zum 20. Jh. die ersten Badegäste. Heute ist er ein touristisches Kleinod: ausgesprochen gepflegt, grün, ruhig, mit noch vielen bestens erhaltenen traditionellen Häusern, vor allem in der Kossuth Lajos utca. Fährt man diese Hauptstraße Richtung Strand hinunter, endet man an der Fußgängerzone und dem kleinen Bahnhof. Zur Linken liegt der Eingang zu einem Park, der weiter zum Köszégi-Strand führt.

Dass Balatongyörök vom 19. Jh. bis über die Mitte des 20. Jhs. hinaus ein bevorzugter Ort für Künstler und andere Prominente war, ist ihm vor allem an der parallel zum Strand verlaufenden Villenstraße Petőfi Sándor utca noch immer anzumerken. Sie entstand am Anfang des 20. Jhs., als auch die herrlichen Linden gepflanzt wurden.

St.-Michael-Kirche
Die römisch-katholische Kirche, 1833 im klassizistischen Stil erbaut, wurde bei der Renovierung 1892 um zwei Werke des Tiroler Künstlers Joseph Ulrich Runggaldier bereichert: den Altar des hl. Michael und die Statue der Jungfrau von Lourdes. *Kossuth Lajos utca/Ecke Petőfi Sándor utca*

Szépkilátó (Schöne Aussicht)
◣◢ Dieser Aussichtspunkt liegt an der Straße 71. Noch attraktiver sind die Weitblicke über den See, wenn Sie den gegenüber dem Parkplatz liegenden Hügelweg entlang einer Reihe von Restaurants und Geschäften hinaufgehen. Folgen Sie dieser Straße, die gerade so breit wie ein Auto ist, tut sich ein Paradepanorama auf.

Volkstümliche Architektur
Vor allem im unteren Teil der Kossuth Lajos utca gibt es noch eine Reihe der lang gestreckten alten Bauernhöfe. Eines der schönsten Reetdachhäuser (aus dem Jahr 1835) steht gegenüber der Kirche. *Kossuth Lajos utca*

Varga Fogadó
◣◢ Bei István und Bernadette Varga erwarten Sie ein schönes Balaton-Panorama und eine gute Küche. *An der Straße 71, steile Auffahrt zum Restaurantparkplatz, Tel. 83/34 64 44, €€*

Castrum Feriendorf
Am Strand unterhalb des Aussichtspunktes Szépkilátó. Man kann campen oder eines der 48 Apartments mieten. Sportgeräteverleih, Tennisplätze, Surfschule. *380 Plätze, Tel. 83/34 66 66, Fax 31 44 22, www.castrum-group.hu*

Albergo Giardino
Die Inhaber, Liebhaber des Tessin, haben sich von dessen südländischem Flair inspirieren lassen. 16 Zimmer mit mediterraner Atmosphäre, schöner Garten mit vielen Oleandern, vier Terrassen. *Kossuth utca 87, Tel. 30/258 77 34, Fax 83/34 61 03, www.albergo-giardino.hu, €€*

Panoráma
◣◢ Ein dreistöckiges Haus in gefälliger, moderner Architektur. Mit Garten und Seeblick. *70 Zi., Petőfi utca 5, Tel./Fax 83/34 95 24, www.hotelpanorama.hu, €€€*

SPORT & STRÄNDE

Östlich der Hafenmole liegt das Strandbad von Balatongyörök. Entlang des gesamten Uferstreifens verläuft ein schöner Radweg, der bis nach Keszthely führt.

AUSKUNFT

Zalatour
Kossuth Lajos utca 69, Tel./Fax 83/ 34 60 22

ZIEL IN DER UMGEBUNG

**Afrikamuseum
Balatonederics** **[121 D5]**
In Balatonederics 6 km von Balatongyörök gibt es auf dem Gelände des Afrikamuseums sogar Kamele. Das ist dem Forscher Endre Nagy zu verdanken. Was der Weltenbummler in 40 Jahren an Trophäen und Kunst zusammengetragen hat, ist in der Villa ausgestellt. *Kültelek 11 (direkt an der Straße 71), April tgl. 9 bis 17, Mai–Sept. 9–18, Okt. 9–16 Uhr*

Auch Kamele gibt es am Balaton: Afrika-Museum in Balatonederics

GYENESDIÁS

[120 C5] Gyenesdiás (3000 Ew.), entstanden aus den Winzerflecken Gyenes und Diás, liegt am südlichen Fuß der Keszthely-Hügelkette und hat sich zu einem beliebten Urlaubsziel entwickelt, vor allem bei Sportbegeisterten und Familien.

SEHENSWERTES

Dornyai-Doronyay-Haus
Dieser reetgedeckte Weinkeller aus dem Jahr 1644 zählt zu den ältesten Baudenkmälern am Plattensee. *Darnay utca 10*

Liebfrauenkirche
Die römisch-katholische Kirche, ein klassizistischer Bau von 1893, ist wegen ihrer interessanten Altarmalerei sehenswert. Diese Arbeit stammt von dem Tiroler Künstler Joseph Ulrich Runggaldier. *Kossuth Lajos utca/Ecke Darnay utca*

Vadlány-Höhle
Am Fuß des Diás-Berges, etwa 8 m lang. Von dem ☀ großen Felsen über dem Höhleneingang hat man einen schönen Blick auf die Stadt Keszthely.

ESSEN & TRINKEN

Oázis
Besonders zu empfehlen sind die Fisch- und Wildgerichte. Mit Terrasse und Garten. Auch eine Pension *(7 Zi.). Kossuth utca 52/3, Tel./Fax 83/31 69 94, €€€*

Piroska Csárda
»Wie bei Muttern« schmeckts in dieser rustikalen Csárda mit Siebenbür-

ger und ungarischer Küche. Besonders zu empfehlen sind die hausgemachten Suppen. *Csokonai Vitéz Mihály utca, Tel. 83/31 63 01, www.piroskacsarda.hu,* €

EINKAUFEN

Insider Tipp
J + A Kerámia
Traditionelle Keramik aus allen ungarischen Regionen finden Sie bei Julianna und András Pék in einem 150-jährigen Bauernhaus und dem angrenzenden Garten. *Kossuth Lajos utca 103 (am Kreisverkehr)*

ÜBERNACHTEN

Lavia
Eine Pension mit Komfortausstattung und südlichem Flair (Swimmingpool, Liegewiese, Drinkbar). *7 Zi., 2 Apartments, Béke utca 38, Tel. 83/31 70 38, Fax 51 13 37, http://lavia.fw.hu,* €

Lorelei
Gepflegte Frühstückspension mit großem Gartenpool. *8 Zi., Széchenyi utca 22, Tel./Fax 83/31 60 48, www.loreleipension.hu,* €

SPORT & STRÄNDE

Das östliche große Strandbad (mit Sandstrand) bietet viel Sommerspaß (Beachvolleyball, Wasserballplatz, Riesenrutsche, Verleih von Wassersportgeräten). Westlich davon liegt ein kleineres Strandbad. Segeln können Sie im örtlichen *Yachtclub (Tüskedomb 5)*. Auf der so genannten *Großen Wiese (Nagymező)*, zu erreichen über die Lőtér út, kreuzen sich einige Wanderwege. Dort finden Sie auch Picknickplätze, einen Fußballplatz und einen Trimm-dich-

Pfad. Nahe der Großen Wiese liegen mehrere *Schießplätze* (u. a. Bogenschießen, Skeetschießen). Von der Wiese aus erreichen Sie auch den renovierten, 235 m hoch gelegenen ☀ *Festetics-Aussichtsturm*. Angelkarten bekommen Sie beim *Anglerverein (Kossuth Lajos utca 97)*. Sport und Spaß unter einem Dach bietet das *Sportház (Kossuth utca 89, www.sporthaz.hu)* mit Squash, Fitnessgeräten, Bowling, Sauna, Massage und Restaurant.

Insider Tipp

AUSKUNFT

Tourinform
Kossuth Lajos utca 97, Tel./Fax 83/51 17 90, www.gyenesdias.info.hu

HÉVÍZ

🗺 **Karte in der hinteren Umschlagklappe**

[120 B5] Um ihn dreht sich alles in der Kleinstadt (6100 Ew.): Der Hévíz-See, mit 4,44 ha größter Thermalwassersee Europas, ist die Attraktion und die wirtschaftliche Basis von Hévíz. Die Quelle, die ihn aus 38,5 m Tiefe speist, macht das Städtchen mit seinen mehr als 10 000 Hotelbetten zum bekanntesten Bad in Ungarn.

SEHENSWERTES

Romanische Kirche
Im Stadtteil Egregy steht eine besonders schöne romanische Dorfkirche aus dem 13. Jh. Die 400 m Straße, die zur Kirche führen, werden nach dem Vorbild des Wiener Heurigenviertels auch *Hévízer Grinzing* genannt. Hier laden eine Reihe von Weinstuben zur Einkehr ein.

Europas größter Thermalsee erlaubt rund ums Jahr Badevergnügen

Thermalsee

★ Es hat Jahrzehnte gedauert, bis Taucher endlich dem Geheimnis der Hévíz-Quelle auf die Spur kamen: Es sind zwei, eine Thermal- und eine kalte Karstwasserquelle. Das Wasser des Hévíz-Sees stammt aus einer Höhle, die in der Mitte durch eine Schlammschicht geteilt ist. An der Ostseite dieser Schicht sprudelt Wasser mit einer Temperatur von 26,3 Grad hervor, an der Westseite 41 Grad heißes Wasser. Durch diesen Mix hat der See im Sommer eine Temperatur von etwa 34 Grad, und auch im Winter ist er mit durchschnittlich 26 Grad angenehm warm. Die Quellen liefern täglich 60–80 Mio. l Wasser, sodass alle 28 Stunden das Wasser des Hévíz-Sees komplett ausgetauscht wird. Das überschüssige Nass wird in den Balaton abgeleitet. Seine heilende Wirkung zeigt das Hévíz-Thermalwasser vor allem bei rheumatischen Erkrankungen der Bewegungsorgane, bei Erkrankungen des Nervensystems und bei Stoffwechselstörungen. Auch der Seeschlamm hat heilende Wirkung und wird z. B. für Fangopackungen genutzt. Zugang zum Seebad Tófürdő: *Dr. Schulhof Vilmos sétány 1, tgl. 8.30–17, im Winter 9–16 Uhr*

Hűvösvölgyi Csarda

Echt ungarisch: Küche, Ambiente und Folklore. *Über die Ady Endre utca Richtung Alsópáhok (rechts der Straße), Tel. 83/34 42 32, €€*

Marienhof

Im Rebengürtel von Hévíz liegt dieses lauschige Weinrestaurant der Winzerfamilie Magyarósi mit guter Hausmannskost und ⚜ Aussichtsterrasse. *Dombföldi út, Tel. 83/ 34 19 01, €*

Rigoletto Café

Die Kuchen und das Eis sind jede Kaloriensünde wert. Über 100 Kaffees, ein großes Teeangebot, 50 Cocktails und Shakes. *Kölcsey utca 2, Tel. 83/ 34 20 27*

Római Pince

Das Weinkellerrestaurant mit großer Terrasse und Gewölbekeller bietet ungarische Hausmannskost in traditionellem Ambiente. *Dombföldi utca 2023/1, Tel. 30/916 99 16, Fax 83/ 31 66 61, €€*

St. Hubertus
Probieren Sie die guten Wildgerichte! Mit schöner Innenhofterrasse und einer Pension mit vier Zimmern. *Móricz Zsigmond utca 8, Tel. 83/ 34 05 02, ganzjährig, €€€*

ÜBERNACHTEN

Zu den besten Kurhotels zählen die *Rogner Spa & Lotus Therme (231 Zi., Lótuszvirág utca, Tel. 83/50 05 90, Fax 50 05 91, www.lotustherme. com, €€€)*, das *Hotel Europa Fit (236 Zi., Jókai utca 3, Tel. 83/ 50 11 00, Fax 50 11 01, www.eu ropafit.hu, €€€)*, das *Thermal Hotel Hévíz (203 Zi., Kossuth Lajos utca 9–11, Tel. 83/50 07 46, Fax 50 07 45, www.danubiushotels. com/heviz, €€€)* und das *Palota (60 Zi. und Apartments, Rákóczi utca 1–3, Tel. 83/54 21 40, Fax 54 21 48, www.h-palota.hu, €€€)*. Im mittleren Preissegment haben das *Thermal Hotel Fit (51 Zi., Kossuth Lajos utca 76, Tel. 83/34 04 84, Fax 34 05 27, www.hotels.hu/fit, €€)*, das *Hotel Helios (238 Zi., Vörösmarty utca 91, Tel. 83/34 28 95, Fax 34 05 25, www.hunguesthotels.hu, €€)* und das *Hotel Panorama (208 Zi., Petőfi Sándor utca 9, Tel. 83/34 10 74, Fax 34 04 85, www.hunguesthotels.hu, €€)* eigene Kurabteilungen. Die Hotels und die meisten Pensionen in Hévíz sind ganzjährig geöffnet.

Kis Helikon
Aus Naturstein gebaut, innen setzen Weiß und Holztöne Landhausakzente. Mit Wellnessangebot. *21 Zi.,* *4 Apartments, Kossuth Lajos utca 72, Tel./Fax 83/34 07 54, www.hotels. hu/kis_helikon, €€*

Szent Martin Villa
Die »exotische Wellness-Insel« (so die Eigenwerbung) mit Swimmingpool liegt im Villenviertel von Hévíz 800 m vom Kurzentrum. Mit Kur-, Wellness- und Beautyservice. *7 Zi., Kossuth Lajos utca 25, Tel. 83/ 31 20 31, Fax 31 42 88, www.kesz thelytourist.hu, €€*

SPORT & STRÄNDE

Alle größeren Hotels bieten (gegen Bezahlung) ein umfangreiches Sportangebot. So können Nichthotelgäste z. B. den 25-m-Pool des Hotels Carbona nutzen. Nahe gelegene Balaton-Strände sind die von Keszthely und Gyenesdiás. Drachenflüge gibt es vom *Flugfeld Zalacsány* aus (6 km westlich von Hévíz).

AM ABEND

In einem Kurort sind die Abende eher ruhig. Unterhaltung bieten die größeren Hotels. Es gibt aber auch Orgelkonzerte, Konzerte des Ensembles Musica Antiqua (Renaissancemusik in entsprechenden Kostümen) oder Blasmusikkonzerte.

AUSKUNFT

Zalatour
Rákóczi utca 9, Tel./Fax 83/34 28 65, www.zalatourheviz.hu

ZIEL IN DER UMGEBUNG

Zalacsány   [120 B5]
Der 8 km entfernte Zalacsányer Angelsee und Freizeitpark, in einer

schönen Hügellandschaft gelegen, bietet gleich mehrere Vergnügungen: Baden, Wassersport, Angeln und die Freilichtbühne *(an der Landstraße 76, Tel. 20/957 17 47, www.zala csany.info.hu):* überdachte Sitzplätze in einer attraktiven Naturkulisse mit großem Showprogramm *Zigeunerhochzeit,* das ein Hirschgulasch-Abendessen in der Pause einschließt. Nahe Zalacsány entsteht auf 170 ha ein vom kalifornischen Architekten Robert Trent Jones Jr. designter Golfplatz. Im Bau sind auch ein Spa-und-Wellness-Center sowie ein Apartmenthaus.

KESZTHELY

Karte in der hinteren Umschlagklappe

[120 C5–6] Rund um den Fő tér, den Marktplatz an der Kirche, und durch die Fußgängerzone zum Schloss flanieren – das ist in Keszthely (23 000 Ew.) ein wahres Vergnügen. Die historische Innenstadt ist komplett restauriert. Keszthely ist mit keinem anderen Ort am Plattensee zu vergleichen. Das kleinstädtische Schmuckstück bildet ein ideales Ziel für kulturell Interessierte und für Naturliebhaber, die Wanderungen und Radtouren, zu denen die hier vesonders reizvolle Umgebung einlädt, zu schätzen wissen.

Keszthely war schon zu Römerzeiten ein wichtiges Handelszentrum und verdankt seine Entwicklung wie auch seine herausragende Sehenswürdigkeit – das drittgrößte Schloss Ungarns – der Festetics-Familie. Zur Zeit von György Graf Festetics (1755–1819), der bedeutendsten Persönlichkeit der Familie, wurde das Schloss zum Treffpunkt der aufklärerischen geistigen und künstlerischen Elite Europas.

SEHENSWERTES

Festetics kastély és (Schloss Festetics) und Helikon Kastélymúzeum (Schlossmuseum Helikon)

★ Mehrere Generationen der Grafen und Fürsten von Festetics lebten in dem 110-Zimmer-Schloss, das der Familie als Wohnsitz diente. Mit dem Bau begann Kristóf Festetics im Jahr 1745. Der Enkel und berühmte Aufklärer György Graf Festetics ließ das Anwesen zwischen 1792 und 1800 in klassizistisch geprägtem Spätbarock umbauen. Das heutige prachtvolle Gesicht verdankt das Schloss dem von Tasziló Graf Festetics 1883–87 veranlassten Umbau. Er ließ das Anwesen auf das Doppelte vergrößern und verband die Gebäudeteile mit einem Turm. Eine Kostbarkeit des hufeisenförmigen Ensembles ist die 1763 gegründete Bibliothek mit nahezu 90 000 Bänden, von denen 45 000 ausgestellt sind. Ihre Inneneinrichtung ist ein Meisterwerk der Handwerkskunst des Keszthelyer Tischlermeisters János Kerbel. Besichtigt werden können die Bibliothek und einige Räume. In einem separaten Gebäude ist die Kutschensammlung ausgestellt. Für Weinliebhaber empfehlen: das *Balatoni Borok Háza (tgl. 10 bis 18 Uhr; www.balatoniborokhaza. com)* im historischen Weinkeller des Schlosses: 1500 Weine der besten ungarischen Winzer. *Kastély utca 1, Di–So 10–17, Juli/Aug. 9–18 Uhr*

Gótikus plébániatemplom (Gotische Pfarrkirche)

Sie hat eine wechselvolle Geschichte: Erbaut 1386 im gotischen

Bibliothek im Schloss Festetics: eine Symbiose von Geist und Schönheit

Stil auf römischen Fundamenten, wurde die Kirche während der Türkenbedrohung im 16. Jh. eine Festung. Gegen Ende des 19. Jhs. erfolgte die Restaurierung und Erweiterung um den neugotischen Turm. Im Chor finden sich wertvolle Renaissancefresken. *Fő tér*

Lakóház
Das rote Haus nahe dem Schloss ist ein barockes Bauernhaus. Es war eine der Amtswohnungen der Festetics-Verwaltung. *Kastély utca 16*

Parks
Die Stadt verfügt über mehrere geschützte Naturoasen. Dazu zählen der 250 Jahre alte *Schlosspark,* der *Helikon-Park,* der bis zum See reicht, und die vom Balaton-Museum ausgehende 1800 m lange, herrliche *Kastanienallee.*

Pethő-Haus und Synagoge
Das Geburtshaus des Komponisten Karl Goldmark (1830–1915) stammt aus dem Mittelalter und wurde im

18. Jh. barock umgebaut. Im Hof steht die Synagoge aus dem 18. Jh., die Ende des 19. Jhs. ihre eklektizistische Fassade erhielt. *Kossuth utca 20*

Városháza (Rathaus)
Das markante Gebäude am Marktplatz entstand 1769 und erhielt bei einem späteren Umbau seine Zopfstilfassade. *Fő tér 1*

MUSEEN

Balatoni Múzeum (Balaton-Museum)
Ein beeindruckendes Gebäude im neobarocken Stil von 1928. Es erzählt anhand vieler interessanter Exponate die Geschichte des Plattensees und seiner Bewohner. *Eingang Kossuth Lajos utca, Mai–Okt. Di–So 10–18, Nov.–April Di–Sa 10–17 Uhr*

Georgikon Majormúzeum (Meiereimuseum Georgikon)
Landwirtschaftsausstellung in der Meierei des ehemaligen Georgikon-Lehrgutes, das 1797 gegründet wur-

de. *Bercsényi utca 64–65, Mai–Sept.
Di–So 10–17, April und Okt. Mo–Fr
10–17 Uhr*

Babamúzeum és Panoptikum (Puppenmuseum und Panoptikum)

70 cm groß sind die Porzellanpuppen in ihren wunderschönen Volkstrachten. Weitere Attraktionen: das Panoptikum in einem 200 Jahre alten Kellergewölbe und ein Foltermuseum. Ein einzigartiges Exponat ist das Modell des Parlamentsgebäudes von Budapest, in elfjähriger Arbeit von einer Bauersfrau gefertigt. Es ist 7 m lang und besteht aus 4,5 Mio. kleinen Schnecken des Pannonischen Meeres. *Bakacs/Ecke Kossuth Lajos utca 11, tgl. 10–17 Uhr*

ESSEN & TRINKEN

Gösser Söröző és Étterem

Ein Restaurant mit großem Garten in der Fußgängerzone. *Kossuth Lajos utca 35, Tel. 83/31 22 65, €€*

John's Pub & Steakhouse

Mit schönem Innenhof und guter Getränkekarte (Weine, Whiskeys, Cocktails). Auf der Speisekarte stehen Steaks, Pizzen und leckere ofenfrische Fladen mit vielen Füllungen. *Kossuth utca 46, kein Tel., ganzjährig, €€*

Múzeum cukrászda

Eine Familienkonditorei mit guten Marzipankuchen und anderen Leckereien sowie einem kleinen Marzipanmuseum mit einigen ungewöhnlichen Objekten wie dem Keszthely-Schloss aus Marzipan. *Katona József utca 19, Tel. 83/31 93 22, ganzjährig*

Vadaskert Csárda

Die »Wildgartencsárda« liegt direkt am Wald und dem Vadas-Park mit Rehen, Fasanen und Mufflons. Wild- und Fischgerichte bilden die beiden Schwerpunkte auf der Speisekarte. *Hévizi út, Tel. 83/31 27 72, ganzjährig, €€€*

Das persönliche Souvenir: ein gezeichnetes Porträt

ÜBERNACHTEN

Admiral Hotel-Panzió
Eine Komfortpension im Landhausstil mit schönem Garten und Pool. *24 Zi., Pázmány Petér utca 1, Tel. 83/31 43 68, Fax 31 41 43, ganzjährig, www.admiralhotel.hu, €*

Helikon
Eigene Bootsanlegestelle und Badeinsel, Tennisplätze und -halle, Wellness- und Beautyangebot. *232 Zi., Balatonpart 5, Tel. 83/88 96 00, Fax 88 96 09, ganzjährig, www.danubius group.com/helikon, €€€*

Kristály
Dreiflügeliges Hotel in Blau-Weiß mit Wellnessbereich und Dachterrasse. *Lovassy utca 20, Tel. 83/31 89 99, Fax 31 89 98, ganzjährig, www.kristalyhotel.hu, €€*

FREIZEIT & STRÄNDE

Keszthely hat das einzig noch erhaltene Inselbad des Plattensees. Es liegt am Városi-Strand mit 36-m-Strandpool. Im Angebot viel Sport und Spaß, von Tretbootfahren bis Parasailing. In der Nähe des Hafens liegen noch zwei weitere Strände, Helikon und Libás. Ein Erlebnis ist die ✹ Fahrt mit dem 100-jährigen Nostalgiezug. Er verkehrt zwischen Keszthely und Badacsonytomaj (mit Unterhaltungsprogramm Juni–Aug. Di–So). *MÁV-Nosztalgia, Keszthely MÁV-Állomás (Bahnhof), Tel. 83/31 33 04, www.mavnosztalgia.hu*

Insider Tipp

AM ABEND

Im Sommer gibt es einmal wöchentlich Konzerte oder Operettenabende im Schloss. Barockes Lebensgefühl vermitteln die sommerlichen *Abendführungen (Mi, Fr, Sa 22–23 Uhr)* im voll beleuchteten Schloss mit Live-barockmusik. Personal und Musiker tragen zeitgenössische Kostüme.

AUSKUNFT

Tourinform
Kossuth Lajos utca 28, Tel./Fax 83/31 41 44, www.west-balaton.hu

ZIEL IN DER UMGEBUNG

Sümeg [120 C3]
★ ✹ Das hervorragend erhaltene Bauwerk (1318 erstmals erwähnt) liegt 22 km nördlich hoch oben auf einem Kalksteinhügel und ist im Sommer eine ideale Kulisse für die Burgspiele mit mittelalterlichen Reitturnieren und Festgelagen. Am Fuß der Burg liegt das *Museum (Mai bis Aug. tgl. 9–17 Uhr)* mit Waffen, Kutschen und Wagen.

In der äußerlich schlichten Himmelfahrtskirche von Sümeg *(Szent Imre tér)* verbirgt sich ein äußerst wertvolles Ensemble ungarischer Barockmalerei: Fresken von Franz Anton Maulbertsch aus dem 18. Jh.

Insider Tipp

RÉVFÜLÖP

[121 F5] Das kleine Zentrum von Révfülöp (1500 Ew.) ist der Villa-Filip-Platz. Etwa 100 m weiter, zwischen Bahn und Balaton, hat sich ein zwar reges, doch noch sehr bescheidenes Badeleben entwickelt.

SEHENSWERTES

Aussichtsturm
✹ Révfülöp liegt am Fuß des 274 m hohen Fülöp-hegy. Auf diesem

Ehemalige Vulkanhügel prägen die Landschaft im Káli-Becken

Hügel steht der Aussichtsturm. *Zu erreichen über die Kilátó utca*

Ruinen der romanischen Kirche Ecsér

1212 wurde die rote Sandsteinkirche erbaut und 1548 von den Türken zerstört. Die Mauern des Schiffes mit dem Triumphbogen und der Giebelwand darüber sind nahezu in Originalhöhe erhalten. *Am nördlichen Ende der Halász utca*

ESSEN & TRINKEN

Tóth Vendéglő

Die Küche bietet solide ungarische Hausmannskost. 100 m von der Hauptstraße. *Kacsajtosi utca 16 b, Tel. 87/46 44 06, ganzjährig, www. tothvendeglo.hu, €*

ÜBERNACHTEN

Camping Napfény

Eine 7,2 ha große Grünanlage mit Strandwiese, Kinderanimation und Organisation von Wander- und Radtouren. *450 Plätze, Halász utca 5, Tel. 87/56 30 31, Fax 56 30 32, www.balatontourist.hu*

Evangélikus Center

Wer Ruhe und ein freundliches, gepflegtes Ambiente sucht, wohnt sehr gut im balatonnahen Evangelischen Bildungszentrum. Mit Restaurant und Café. *34 Zi., Füredi út 1, Tel. 87/46 41 07, Fax 56 31 63, ganzjährig, www.konferenciahotel. hu, €*

AUSKUNFT

Tourinform

Villa Filip tér 8 b, Tel./Fax 87/ 46 30 92, revfulop@tourinform.hu

ZIEL IN DER UMGEBUNG

Káli medence (Káli-Becken)   [121 E–F 4–5]

★ Nördlich von Révfülöp beginnt das Káli-Becken. Begrenzt wird die reizvolle Ebene von Hügeln vulkanischen Ursprungs. Bei Kapolcs im Norden beginnt dieses Basaltplateau mit den typischen Teichen in den Vertiefungen (z. B. Kálomisz-tó und Kettös-tó). Die geologische Vielfalt in der Region hat eine reiche Fauna und Flora hervorgebracht. Eine der interessantesten Attraktionen am südlichen Rand ist das *Steinerne Meer (Kötenger)* bei Salföld. Wie eine Mondlandschaft wirken die bizarren Steinformationen. Sie sind Relikte aus der Eiszeit.

Einer der pittoresken Orte im Káli-Becken ist *Kővágóörs* (950 Ew.) nur 3 km von Révfülöp. Eines der schönsten Häuser des im 18./19. Jh. von Adeligen bewohnten Dorfs ist das jetzige *Heimatmuseum (Petőfi utca 18)*. Ungarische Hausmannskost gibt es im rustikalen Gasthaus *Káli-Vendéglő (Jókai út 48, Tel. 87/ 46 30 16, €)*. Vom Wohlstand der kleinadligen Winzer im 18./19. Jh. zeugt *Köveskál* (450 Ew.) mit seinen Herrenhäusern, den Kurien, wie man sie noch an der Hauptstraße *Fő utca* sehen kann.

Künstler zog es in das zu sozialistischen Zeiten nahezu ausgestorbene Dorf *Salföld* (100 Ew.). Dessen Naturattraktion, das *Steinerne Meer (Kötenger)*, liegt am südlichen Ortsende. Südwestlich des Ortes legten Archäologen die Ruinen eines im 13. Jh. erbauten Paulaner Klosters frei.

Szentbékkálla (300 Ew.) schließlich liegt schön am Hang des dicht bewaldeten Hügels Sátorma, umgeben von den weinbestandenen Anhöhen des Fekete-hegy. Könige, Bischöfe, Adlige, sie alle wussten schon vor Jahrhunderten den Wein von Szentbékkálla zu schätzen. Eines der schönsten Häuser, das *Istvándy-Haus* von 1825, befindet sich in der

Kossuth Lajos utca. Vom ❀ Garten der sehr gepflegten Pension im Bauernhausstil *Sárvári (7 Zi., 1 Apartment, 1 Holzhaus, Zrínyi utca 41, Tel. 87/70 68 31, Fax 46 80 24, ganzjährig, www.balaton.hu/sarvariven deghaz-szentbekkalla, €)* in Szentbékkálla reicht der Blick weit über das Káli-Becken bis zum Balaton. Die an den Straßen stehenden Steinkreuze wurden um 1900 errichtet. Von dem Steinfeld, das einst das gesamte Káli-Becken umgab, sind nahe dem Dorf noch 2 km unberührt erhalten.

Eine Rundfahrt durch die Dörfer des Káli-Beckens finden Sie im Kapitel Ausflüge & Touren.

SZIGLIGET

[121 D5] Das für Szigliget (1200 Ew.) Typische beschreibt schon der Name, denn *sziget* heißt Insel und *liget* Hain. Und in der Tat präsentieren sich die grünen Hügel bei der Annäherung an den Ort wie eine vom See umspülte Insel. Von den ❀ Höhen mit den schmalen Serpentinenstraßen bieten sich atemberaubende Ausblicke auf den See. Die Häuser, umgeben von Wein und Gärten scheinen an den Hängen zu kleben. Zum malerischen Charme tragen die Kelterhäuser der Weinbauern bei, deren Giebel mit Stuck, Reliefs und Inschriften verziert sind. In dem ruhigen und noch recht natürlichen Ort gibt es vor allem Privatquartiere.

SEHENSWERTES

Vár-hegy

★ Die Burg stammt aus dem 13. Jh. und liegt 243 m hoch auf dem *Vár-*

hegy, dem Burgberg. Von der Unterburg führt ein steiler Weg zur 20 m höher gelegenen  Oberburg. Unterhalb der Burg liegt ein nettes *Kunsthandwerkszentrum (April bis Okt. tgl. 9–18 Uhr)* mit zwei reetgedeckten Häusern (Galerie, Ausstellungen) und Ständen (Töpferei, Schnitzerei).

Herrenhäuser
Unter Denkmalschutz stehende Häuser adeliger und kleinadeliger Familien sieht man noch in der *Kossuth Lajos utca*. Aus dem 17. Jh. stammt das nahe der Kirche von Szigliget stehende barocke Herrenhaus der Familie Lengyeltóti, in dem heute das Burgrestaurant residiert. *Vár vendéglő, Kisfaludy utca 30, Tel. 87/46 10 40, €€*

Bakos Attila Családi Kisvendéglő
Attila Bakos und seine Familie bieten in ihrem kleinen Restaurant eine gemütliche, familiäre Atmosphäre und gute, bodenständige Hausmannskost. *Iharos utca 4, Tel. 87/46 12 10, €*

Insider Tipp Antikvitás
Dieses Antiquitätengeschäft in einem 150 Jahre alten, reetgedeckten Bauernhaus ist eine Augenweide und eine Fundgrube. *Petőfi utca 34, Mo geschl.*

Johatex Apartmenthaus
Ein neues Reetdachhaus, im Naturschutzgebiet nahe der Burgruine gelegen, großzügig angelegt und ausgestattet. Sogar mit hauseigenem Segelboot! *4 Apartments, Kisfaludy utca 9, Tel. 87/32 17 73, Fax 41 30 16, Tel. in Deutschland: 06021/57 04 84, www.szigliget.hu, €€*

Über die Hauptstraße kommen Sie im Süden von Szigliget zum Strand und zum Hafen. Im Sommer regelmäßig Schiffsverkehr nach Badacsony, Keszthely und Balatonmáriafürdő. Unweit des Hafens liegen die vier schattigen Sandplätze des Tennisclub Szigliget.

VONYARCVASHEGY

[120 C6] Fast zwei Drittel der Häuser von Vonyarcvashegy (1850 Ew.), das nahtlos an den Nachbarort Gyenesdiás anschließt, sind Ferienhäuser. Seine Beliebtheit als Urlaubsquartier verdankt der Ort vor allem dem großen Strandbad und der schönen Hügellage.

Friedhofskapelle
Die klassizistische Kapelle auf dem Friedhof von Vonyarcvashegy wurde 1820 erbaut und steht unter Denkmalschutz. *An der Straße 71*

Szentmihály-Hügel
 Am östlichen Ortsrand steht eine Kapelle, die 1739 von Fischern als Dank für die Rettung von 40 Kollegen errichtet wurde, die sich vor berstendem Eis in Sicherheit bringen konnten. So jedenfalls heißt es im Volksmund. Man hat von hier auch eine schöne Aussicht. *Richtung Balatongyörök rechts der Straße 71,*

über die Bahngleise zu einem Parkplatz, von da 150 m zur Bergspitze

ESSEN & TRINKEN

Insider pp Fészek

Schönes Ambiente, lauschige Ecken auf der Gartenterrasse und eine ambitionierte Küche mit Zukunft: Der Sohn des Hauses belegte bei einem internationalen Kochwettbewerb der Lehrlinge in Österreich den zweiten Platz. Hinter dem Restaurant liegen die Fészek-Apartments. *Hunyadi utca 20, Tel./Fax 83/34 80 48, Okt.-April 83/34 81 27, www.feszek.de, €*

Janika

Hier kocht der Chef des Hauses. Seine Spezialität ist die regionale Küche. Auch Pension mit 15 Zimmern und Pool. *Petőfi utca 115/2, Tel. 83/54 80 32, Fax 34 84 90, www.janikapanzio.hu, €€*

ÜBERNACHTEN

St. Kristóf

Eine besonders kinderfreundliche Pension: Zusätzlich zum normalen Swimmingpool gibt es einen Kinderpool, einen Spielplatz im Garten, eine Kinderecke im Haus, außerdem Tischtennis und Dart. Geschmackvoll und komfortabel eingerichtet. *8 Zi./Apartments, Rákóczi út 30, Tel./Fax 83/34 90 43, szentkristof@t-online.hu, €*

SPORT & STRÄNDE

Das große *Strandbad Lido* hat ein sandiges Ufer und große Liegewiesen. Für Wakeboarder und Wasserskifans gibt es am schönen hölzernen Steg eine 800 m lange Anlage *(Vízisí Vonyarcvashegy)*. An diesem Strand finden Sie auch die *Windsurfschule Vonyarcvashegy Strand (www.windsurfschule.hu)*. Dort können Sie segeln lernen, Mountainbikes leihen oder eine Mountainbiketour buchen.

AUSKUNFT

Tourinform

Kossuth Lajos utca 42, Tel. 83/34 80 44, vonyarcvas-hegy@tourinform.hu

Franz Anton Maulbertsch

Ein Freskenmaler im Farbenrausch des Barock

Schon mit 15 Jahren besuchte der vom Bodensee stammende Künstler die Wiener Kunstakademie. Von 1757 bis 58 malte der Meister des Spätbarock die Pfarrkirche von Sümeg im Balaton-Oberland aus – noch heute ein Fest der leuchtenden Farben. Die Sümeg-Fresken gelten als die schönsten des Landes. Ab Ende 1770 arbeitete Maulbertsch (1724–96) fast ausschließlich in Ungarn und gestaltete u. a. die Pfarrkirche St. Stephanus Märtyrer in Pápa und den Dom von Győr.

Ein Magnet für Badeurlauber

Hierher strömen die meisten Balaton-Gäste, Familien wie jüngere Leute; und sie haben alle ihren Spaß

Im Osten die schöne, große Bucht mit Balatonvilágos und dem Hochufer von Balatonkenese, im Westen Zamárdi und Balatonföldvár in Panoramalage gegenüber der Halbinsel Tihany und dazu die Balaton-Hauptstadt Siófok: Das Südostufer profitiert in erster Linie von seinen Stränden. Sie sind vor allem für Familien mit Kindern ideal, denn das Wasser ist bis weit in den See hinein flach und herrlich warm. Nicht zuletzt haben Sie vom südlichen Seeufer schöne Ausblicke aufs Nordufer. Nachdem sich in den letzten Jahren bei der Qualität der Unterkünfte wie auch beim Wassersportangebot (Surfen, Wasserski, Segeln) vieles zum Besseren verändert hat, stehen jetzt Planungen zur Erhöhung der Attraktivität der Strände im Vordergrund. Balatonlelle hat bereits ein Erlebnisbad in Strandnähe, weitere sollen folgen.

Das Hinterland dieses Uferabschnitts ist relativ flach und weit weniger vom Weinanbau geprägt als im Norden und im Südwesten des Plattensees, doch die Wald-, Feld- und Wiesenlandschaft ist ausgesprochen reizvoll.

Sommervergnügen auf der Strandwiese in Balatonföldvár

BALATONFÖLDVÁR

[122 B5] ★ Warum Balatonföldvár (3000 Ew.) im 19. Jh. das bevorzugte Ziel der aristokratischen Gesellschaft war, können Besucher auch heute noch nachvollziehen: Der Badeort bietet wunderbare Ausblicke auf das Nordufer und die zum Greifen nahe Halbinsel Tihany. Földvár wurde 1894 gegründet und verdankt seine große Zeit der Adelsfamilie Széchenyi, die auch die Uferpromenade anlegte. Das Mondäne ist vergangen, doch Flair hat der Ort immer noch, vor allem entlang der villengesäumten Uferpromenade. Ein weiterer Villenkomplex wurde in der Spúr István utca 27 restauriert. Diese attraktive Anlage beherbergt jetzt das Bildungszentrum Főnix mit angeschlossenem Hotel und Restaurant.

SEHENSWERTES

Hafen und Taubeninsel

Die Bucht von Balatonföldvár wird von Molen gerahmt. In der Mitte liegt die so genannte Taubeninsel *Galambsziget*. Der Hafen von Balatonföldvár mit seinen 400 Liegeplätzen ist einer der schönsten rund um den Plattensee.

An der Promenade gibt's für die Kleinen Zuckerwatte

Insider Tipp Kapelle und Petőfi-Straße

Die Petőfi Sándor utca ist der Kern des alten Balatonföldvár. Hier, auf dem höheren Ufer, wurden die ersten Villen errichtet. Wie ein englisches Castle wirkt z. B. die Villa Korányi, das Haus des Leibarztes der Familie Széchenyi. Daneben liegt die *Villa Széchenyi (Petőfi Sándor utca 9 und 13).* Gehen Sie weiter hinauf, an einem Park entlang, kommen Sie zur ersten Kapelle von Földvár, die 1897 gebaut wurde. Von der Anhöhe haben Sie schöne Aussichten auf den See. Sie können über einen Serpentinenweg mit immer neuen Ausblicken zurückspazieren.

Kvassay sétány

Diese 1200 m lange, platanengesäumte Strandpromenade ist eine ideale Flaniermeile. Sie steht unter Naturschutz; schöne Aussicht aufs Nordufer.

Flekken Csárda

Eine stilechte Csárda an der Straße nach Kőröshegy. Gute Weine der Region. Passend zum rustikalen Ambiente liefert die Küche traditionelle Ungarnkost. Für Pensionsgäste gibt es zwei villenartig gebaute Häuser (Zimmer und Apartments, €€) mit Garten, Pool und Wellnessbereich mit Sauna und Whirlpool. *Dózsa György út 30, Tel. 84/34 00 48, www.flekkencsarda.com, €€*

Sommergarten

Bodenständige Küche und familiäre Atmosphäre. *Berzsenyi Dániel utca 12, Tel. 84/34 02 42, €*

Del Porto

Das einst bescheidene Haus 100 m vom Yachthafen hat sich zu einer sehr guten Hotelanlage mit Pool im Garten gemausert. *30 Zi., Bajcsy-Zsilinszky utca 15, Tel. 84/34 00 89, Fax 54 02 89, www.balaton.hu/hotel_del_porto, €€*

Reál

Das vierstöckige Hotel liegt in einer Grünanlage nur 500 m vom Balaton-Strand. Familienfreundlich; Restaurant im Wintergarten. *62 Zi., Liszt Ferenc utca 6, Tel. 84/34 00 15, Fax 34 06 54, www.hotels.hu/real, €€*

Die *Strandwiese* in der Bucht ist 31 000 m² groß. Östlich des Hafens liegt der *Keleti-*, westlich davon der *Nyugati-Strand.* Regelmäßige Schiffsverbindungen zum Nordufer u. a.

nach Tihany, dazu Promenaden- und Unterhaltungsfahrten.

AM ABEND

Im Juli/August gibt es in der römisch-katholischen Kirche Konzerte mit namhaften ungarischen Künstlern.

AUSKUNFT

Tourinform
Széchenyi Imre utca 2 (Mitte Juni bis Mitte Sept., sonst Kőröshegyi utca 1), Tel./Fax 84/54 02 20, balatonfoldvar@tourinform.hu

ZIEL IN DER UMGEBUNG

Kőröshegy   **[122 B5]**
★ Wunderschön ist die aus dem 15. Jh. stammende gotische *Franziskanerkirche (Ecke Dózsa György út/ Petőfi Sándor utca 3 km von Balatonföldvár)*. Die Orgel erneuerte der namhafte Orgelbauer Endre Kovács. Im Juli/August am Freitagabend Konzerte. Gute Wohnmöglichkeiten, nicht zuletzt für Familien, bietet das Haus *Balaton Appartement (József Attila utca 7, Tel. 84/ 54 01 55, Fax 54 01 56, www.un garn-appartement.de)* mit Pool und Kinderspielplatz.

BALATONKENESE/ BALATONAKARATTYA

[123 D2–3] Das 3500-Ew.-Dorf Balatonkenese ist kaum mehr von seinem Nachbarort Balatonakarattya zu trennen. Beide liegen in Panoramalage inmitten einer großen Bucht. Die Ortskerne sind zwar klein, aber beide Dörfer sind seit Jahrzehnten ein Magnet für wohlhabende Budapester, die sich hier Villen und Ferienhäuser bauten. Der recht schöne Ortskern von Balatonkenese liegt jenseits des Yachthafens und zieht sich die Hochebene hinauf.

SEHENSWERTES

Református templom (Reformierte Kirche) und Római katolikus templom (Römisch-katholische Kirche)
Fahren Sie die Straße Báko József utca zu den beiden Kirchen hinauf,

MARCO POLO Highlights »Südostufer«

★ **Petőfi-Strand**
Das attraktivste und belebteste Strandbad von Siófok (Seite 73)

★ **Soós-hegy**
Aussichtswiese mit wunderbarem Blick weit über den Balaton (Seite 66)

★ **Balatonföldvár**
Die Promenade bietet wunderbare Ausblicke auf die Halbinsel Tihany (Seite 63)

★ **Kőröshegy**
Die Franziskanerkirche ist ein Juwel der Gotik aus dem 15. Jh. (Seite 65)

dann liegt rechts die 1819 errichtete römisch-katholische Kirche. Die alte, inzwischen reformierte Kirche entstand schon 1231; ihre Rückfront wurde Teil des im 18. Jh. errichteten Gotteshauses. Daneben das Pfarrhaus in anmutigem, bäuerlichem Barock. *Balatonkenese, Táncsics Mihály utca*

Soós-hegy

★ ◥◣ In Richtung des nordwestlichen Ortsausgangs gelangt man in Balatonkenese über die Bajcsy-Zsilinszky und Tartárjan utca zum höchsten Punkt des berühmten Lösshochufers, dem *Soós-hegy*. Zu der Aussichtswiese (ein schöner Platz für ein Picknick!) arbeiten Sie sich am besten mit einer Ortskarte vor, denn es ist kein Verlass darauf, dass der Weg ausgeschildert ist. Für die kleine Anstrengung werden Sie mit einem atemraubenden Blick über den Plattensee und das Hinterland belohnt. Vom Soós-hegy aus einen Sonnenuntergang zu erleben ist etwas ganz besonderes Stimmungsvolles – eine unvergessliche Balaton-Impression!

Insider Tipp

Széchenyi-Park Balatonkenese

◥◣ Von diesem Park entlang einer kleinen Bucht bietet sich bei klarem Wetter ein Blick über nahezu die gesamte Länge des Plattensees.

MUSEUM

Falumúzeum (Dorfmuseum)

Ein traditionelles Haus aus der Mitte des 19. Jhs., in dem Besucher über die Geschichte des Ortes und das Leben der Menschen informiert werden. *Balatonkenese, Kossuth Lajos utca 6, Mitte Juni–Aug. Di–Sa 10 bis 18 Uhr*

ESSEN & TRINKEN

Ezeréves

Die Reetdachcsárda liegt am Hang des Öreg-hegy. Draußen bietet ein hölzerner ◥◣ Aussichtsturm einen herrlichen Blick auf den See. *Öreg-hegy, Tel. 88/48 24 59, €*

Nádas Csárda

Ein gemütliches Restaurant mit einer Speisekarte, die mehr als das übliche Standardrepertoire bietet. *Balatonkenese, Jókai utca 1, Tel. 88/48 22 16, €€*

ÜBERNACHTEN

Camping

Am westlichen Ortsende von Balatonkenese, 250 m vom See entfernt, liegt ein 5 ha großer Platz auf einem Areal, das noch zum Landschaftsschutzgebiet am Balatonkeneser Hochufer (Soós-hegy) gehört. Sie wohnen auf dem Platz in schönster Naturlage, aber er bietet nur eine sehr einfache Ausstattung. *Romantic Camping, Balatonkenese, Gesztenyefa sor 1, Tel. 88/48 23 60 (Mai bis Okt.)*

Marina Port Hotel

Viersterneresort in bester Balaton-Lage mit großem, glasgerahmtem Wellnesscenter, eigenem Strand und umfangreichem Sportangebot. Direkt neben einem der schönsten Yachthäfen am Balaton. *Kikötő utca 4, Tel. 88/49 23 69, Fax 49 23 70, www.hotelmarinaport.hu, €€€*

SPORT & STRÄNDE

🏃 Von Balatonakarattya im Südzipfel der Ostbucht bis zum Yachthafen von Balatonkenese reiht sich Strand an Strand. Es gibt die kleineren, recht naturbelassenen Strände *Bercsényi* und *Lido* sowie das *Szabad-Strand-bad*. Der *Yachthafen (Széchenyi-Park)* ist für 200 Boote ausgelegt. Im *Pferdesportclub (Soós-hegy Lovas-sport Club Puszta Csárda, Balaton-kenese, Bajcsy-Zsilinszky utca 47, Tel. 30 / 225 31 74)* am Berg Soós mit Reithalle stehen um die 25 Pferde in den Ställen.

ZIEL IN DER UMGEBUNG

Gorsium-Ausgrabungen [123 F2]
Der Archäologische Park Gorsium 25 km östlich von Balatonakarattya in Tác ist ein attraktiv mit viel Grün angelegtes Freilichtmuseum. Es vermittelt einen lebendigen Eindruck vom Leben in der römischen Stadt am Fluss Sárviz, die einst ein Zentrum des Kaiserkults war. Heiligtümer und Bürgerhäuser, Grabsteine, Teile der Stadtmauern und Bauten aus dem Tempelbezirk wurden ausgegraben. *Nov.–April Di–So 10–16, Mai–Okt. 8–18 Uhr*

BALATONSZÁRSZÓ

[122 B5] Am kleinen Bahnhof des 2000-Ew.-Ortes sind Sie mittendrin im Geschehen: Direkt vor Ihnen liegt der Tóparti-Park mit Strand, hinter Ihnen der propere Kern des Badegebiets mit einigen wenigen Geschäften. Vom Tennis über den Strand bis zum Shopping – in Balatonszárszó findet man alles nah beieinander. Wer ein ruhiges Ambiente sucht, ist hier genau richtig.

MUSEUM

József-Attila-Museum
In der Pension Magda, bei seiner Schwester, verbrachte Attila József (1905–1937) seine letzten Tage. Ob der schwermütige Dichter am Bahnhof Selbstmord beging oder Opfer

Nur echte Sportler sind auf dem Wasser unterwegs: Motorboote sind verboten

eines Zugunfalls wurde, konnte nie geklärt werden. Auch wenn die Informationen nur auf Ungarisch verfasst sind – das Museum ist einen Besuch wert. *József Attila utca 7, April bis Okt. Di–So 10–12 und 13–18 Uhr*

ESSEN & TRINKEN

Két Korona
Der mediterranen Anmutung entspricht die Speisekarte dieses Restaurants: Es finden sich darauf nicht nur ungarische, sondern auch leichtere Fleisch- und Fischgerichte bzw. Salate. Das angeschlossene Hotel Két Korona hat 24 Zimmer. *Csárda utca 18, Tel. 84/36 31 15, www.ketkoro na.hu, €€*

ÜBERNACHTEN

Hotel Holiday
Aus dem alten Holiday wurde ein schönes, modernes Hotel mit zwei Tennisplätzen, Pool, Wellnessbereich (Sauna, Whirlpool, Fitnessraum) und Bowlingbahn. *87 Zi., Csárda utca 22, Tel. 84/56 35 00, Fax 56 35 05, www.hotelholiday. de, €€€*

Nostalgia
Helle, freundliche Zimmer, Restaurant mit Bar und Terrasse. 200 m vom Strand. *15 Zi., Jókai utca 3, Tel./Fax 84/36 29 04, alp116@ju no.com, €*

SPORT & STRÄNDE

6,5 km lang ist der Seeabschnitt von Balatonszárszó, und er bietet neben dem Strand gegenüber dem Bahnhof noch zwei weitere Strände. Fahrräder werden u. a. im Yachthafen verliehen. Der 🏃 *Sport Club (Kálmán Mikszáth utca 1, Tel. 84/36 36 24)*

am Balatonufer hat drei Tennisplätze (auch Tennisunterricht).

ZIEL IN DER UMGEBUNG
Somogyer Berge [122 B6]
🌊 Hinter dem Ort Szólád führt die Straße mitten hinein in die wunderschöne Hügellandschaft der Somogyer Berge. Nach 9 km geht es rechts zum Ort *Nagycsepely* und links nach *Kötcse.* Nahe Kötcse liegt der mit 314 m höchste Hügel dieser Region, der *Csillagó-hegy.* Aus beiden Orten führt keine Straße hinaus; Sie müssen also wieder zurückfahren.

BALATONSZEMES

[122 A5] Der kleine Ort (1800 Ew.) hat dörflichen Charme. Unter einem Dach aus Platanenkronen fahren Sie die Fő utca hinunter zum Hafen und zum nahe gelegenen Strand. Hier, zwischen Eisenbahn und Ufer, spielt sich das Badeleben ab. Jenseits der Bahn, die Anhöhen hinauf, liegt das alte Villenviertel. Durchs Grüne führen Treppen und Wege hinab zum Fenyves-Park und weiter zum Balaton-Ufer. Das alte Dorf Szemes entstand auf dem Rücken des Hügels. Urlauber wohnen vor allem in Privatquartieren. Balatonszemes ist zudem eine erste Adresse für Camping- und Wohnmobilgäste.

SEHENSWERTES
Római katolikus templom (Römisch-katholische Kirche)
Das ursprünglich romanische Gotteshaus wurde nach schweren Beschädigungen während der Türkenzeit im Barockstil wieder aufgebaut. *Fő utca 23*

Schnäppchentourismus

Dienstleistung statt Fabrikverkauf: In Ungarn gehen Schnäppchenjäger zum Zahnarzt!

Dass sich immer mehr Menschen im Urlaub am Plattensee einer Behandlung unterziehen, der sie sonst gerne aus dem Weg gehen, hat einen guten Grund: Zahnärztliche Behandlungen und vor allem Zahnersatz sind in Ungarn deutlich preiswerter als z. B. in Deutschland. Private, gut ausgestattete Praxen gibt es in allen größeren Balaton-Orten, vor allem in den Städten Siófok, Keszthely und Hévíz. Die Behandlung erfolgt normalerweise professionell und nach modernen Methoden (z. B. computergestützte Diagnostik, Laserbehandlungen, Implantate).

MUSEUM

Postamúzeum (Postmuseum)
In Balatonszemes gab es schon 1789 eine Pferdepoststation. Das Postmuseum des Ortes befindet sich heute in dieser einzigen noch erhaltenen Station des Südufers. *Bajcsy-Zsilinszky utca 36, Mai–Sept. Di–So 10–18 Uhr*

ESSEN & TRINKEN

Bujdosó
Ein schönes Haus im Stil des 18. Jhs. Oben lagern die Weine der Winzerfamilie Bujdosó, unten im Weinkeller und Restaurant können Sie sie zu einem guten Essen verkosten. *Gárdonyi Géza utca 2, Tel. 84/36 11 88, www.bujdoso.com, €€*

Kékfrankos Pincegaléria
In romantischer Lage südlich des Ortszentrums. Der Vater Ferenc Böröczky ist Maler, der Sohn Weinbauer. Oben sind die Bilder ausgestellt, unten wird im kleinen Restaurant bei Haxe, Ente oder Kesselgulasch zünftig gegessen und ge-

trunken. *Bagódombi út, Tel. 84/36 05 80, €€*

Kistücsök
Sehr zu empfehlen ist hier ein Weindinner (im Sommer jederzeit, im Winter auf Bestellung), denn Weine sind die Leidenschaft des Inhabers Csapody Balázs. Im feinen Keller des Kistücsök lagern um die 150 verschiedene Weine aus allen Weinbauregionen Ungarns. Spezialität der Küche sind auf Lavastein gegrilltes Fleisch sowie Fisch- und Wildgerichte. *Bajcsy-Zsilinszky utca 25, Tel. 84/36 01 33, www.kistuc sok.hu, €€*

Insider Tipp

ÜBERNACHTEN

Hattyú Kemping
Direkt neben dem Hafen befindet sich dieser angenehme Campingplatz. Familiär und gut geführt. *400 Plätze, Kikötö utca 1, Tel./Fax 84/36 00 31, www.balatonihajozas.hu*

OTP Holiday Resort
Das einstige Ferienhaus der OTP-Bank wurde umfassend moderni-

Insider Tipp

siert und ist vor allem für Familien ideal. Architektonisch machen die vier Gebäude nicht viel her, aber die Lage und das Sportangebot sind klasse: Strand, Segelboot, Surfbretter, Tennisplätze, mehrere Tischtennisplatten, Fahrräder, große, überdachte Schwimmhalle mit einem 25-m-Becken. Zu dem Komplex in einem Park gehört auch ein Restaurant. *280 Zi., Parti sétány 159, Tel. 84/36 12 05, Fax 36 02 34, www. otphotel.hu, €€*

Vadvirág Camping und Bungalows

Mit 600 Plätzen eine der größten Anlagen am Südufer. Eigener Strand. *Arany János utca 101, Tel./Fax 84/ 36 01 14, www.balatontourist.hu*

SPORT & STRÄNDE

Ein kleinerer Strand grenzt direkt an die westliche Hafenmole, der große Strand beginnt an der gegenüber liegenden Mole und reicht fast bis zum Ortsende. Zwei Tennisplätze liegen am westlichen Ortsausgang (in Richtung Rádpuszta abbiegen) neben einer Pizzeria *(Tel. 30/ 204 71 69).*

SIÓFOK

Karte in der hinteren Umschlagklappe

[122–123 C–D4] Die »Hauptstadt des Balaton« (25 000 Ew.) ist schon von weitem an ihrem markanten Wahrzeichen, dem Wasserturm von 1912, zu erkennen. Architektonisch hat sich Siófok in den letzten Jahren sehr zu seinem Vorteil verändert. Die alten Villen in der Nähe des Ufers sind renoviert, doch noch fehlt es vor allem im Zentrum – rund um den Wasserturm – an manchem, was den Charme einer Innenstadt ausmacht, z. B. an attraktiver Architektur, verkehrsberuhigten Straßen, einladenden Plätzen, an (Straßen-)Cafés und interessanten Läden, die zum Flanieren und Shoppen einladen. Das Zentrum der Kleinstadt liegt entlang der dreispurigen Fő utca. Nur 250 m weiter, an der Pétőfi sétány am Seeufer, schlägt Siófoks touristisches Herz.

SEHENSWERTES

Aranypart

Spaziert man auf der Promenade Petőfi sétány vom Hafen ostwärts, gelangt man zum Goldenen Ufer *Aranypart* mit seinen Hotels und Campingplätzen.

Evangélikus templom (Evangelisch-Lutherische Kirche)

Die 1990 gebaute Holzkirche des Architekten Imre Makovecz, der als Begründer der ungarischen neuen Architektur gilt, beeindruckt durch ihre ungewöhnliche Gestaltung: Der markante Turm ist der Mitte des Kirchenschiffs vorgebaut. Im Sommer sonntags deutscher Gottesdienst. *Oulu Park, Mo–Sa 9–12 und 15–19, So 15–19 Uhr*

Fő tér (Hauptplatz)

Er grenzt an den Szabadság tér, auf dem der *Wasserturm (Víztorony)* steht. Das *Kulturhaus (Dél-balatoni Kulturális Központ),* architektonisch ein trister Zweckbau, begrenzt den Hauptplatz zur Linken. Inzwischen hebt sich der Fő tér wohltuend von der Wasserturmumgebung ab. Er wurde zu einem kleinen *Freiluftmuseum,* denn ihn zieren mehrere

Skulpturen des international bekannten Künstlers Imre Varga. Varga gestaltete z. B. auch das Denkmal auf dem Gelände der Budapester Synagoge zur Erinnerung an die Opfer des Holocaust. Die markantesten Kunstwerke am Fő tér sind der Brunnen Geburt der Venus, Menschen mit Schirm, der Komponist Bartók und der sitzende Professor.

Kikötő (Hafen)

Im Hafen und im angrenzenden Jókai-Park herrscht im Sommer bis in weit in die Nacht Hochbetrieb. Der Hafen wird von zwei Molen geschützt. Eine lädt zum Spazierengehen und zum Angeln ein, an der anderen legen die Schiffe an: Im Sommer starten hier täglich um die 30 Schiffe ihre Fahrten.

MUSEEN

Asványmúzeum (Mineralienmuseum)

Eine ansprechend präsentierte Privatsammlung. *Kálmán Imre sétány 10, tgl. 9–18, in der Hochsaison bis 22 Uhr*

Kálmán Imre Múzeum (Emmerich-Kálmán-Museum)

Die Operette »Die Csárdasfürstin« hat Emmerich Kálmán (1882 bis 1953) zu Weltruhm verholfen. Im Geburtshaus des Komponisten werden sein Leben und Werk dokumentiert. Als Skulptur sitzt Kálmán in dem weißen Pavillon vor dem Siófoker Bahnhof. *Kálmán Imre sétány 5, April–Okt. Di–So 9–17, Nov. bis März 9–15 Uhr*

Tojás Múzeum (Eiermuseum)

Eier zu verzieren hat in Ungarn Tradition. In diesem neuen Museum

Der Wasserturm von 1912 ist das unverkennbare Wahrzeichen Siófoks

wird die gesamte Bandbreite dieses ungewöhnlichen Kunsthandwerks präsentiert: Die Spanne reicht von Porzellan- und Keramikeiern über bemalte Eier bis hin zu mit Hufeisen beschlagenen Eiern. Im Oktober findet in Siófok alljährlich ein Eierfestival statt *(www.tojasfesztival.hu). Szücs Menyhért utca 4 (gegenüber dem Spar-Supermarkt), tgl. 10–18 Uhr*

Wunderschön restauriert: der Bahnhof in Siófok

ESSEN & TRINKEN

Insider Tipp Cocktail Drink

Die angesagte Bar in Hafennähe bietet ein exzellentes Angebot alkoholischer und nichtalkoholischer Cocktails. Köstlich sind auch die Eisbecher. *Mártírok utca 8, Tel. 30/ 351 16 93*

Csárdás

Mit zünftigem Flair und stimmungsvollem Garten. *Fő utca 105, Tel. 84/ 31 06 42, www.restaurantguide.hu/ csardas, ganzjährig, €€*

Palace Pizzeria

Im Komplex Palace Club mit schönem Garten. Die Pizzen, auch in Megagröße zu haben, sind wirklich gut. Ab 11 Uhr bis morgens um 5 Uhr geöffnet. Auch Pizzaservice für Siófok *(Bestellung: Tel. 84/35 06 98). Siófok Ezüstpart, www.palace.hu, €*

Piknik

Über 100 ungarische Gerichte stehen auf der Speisekarte. Auch eine Pension *(57 Zi.)* mit Pool gehört dazu. *Am südlichen Ortsrand in Kiliti, Honvéd utca 73, Tel. 84/32 23 22, Fax 32 31 90, ganzjährig, www.pik nik.hu, €€€*

Piroska Csárda

Sie ist eine der ältesten Csárdas am Balaton. Blickfang im Gastraum ist der schneeweiße Kamin. Typische Ungarngerichte, gute Weinauswahl. Im Sommer abends Zigeunermusik. *Siófok Széplakfelső, an der Str. 7 nach Zamárdi, Tel. 84/35 06 83, ganzjährig, www.piroskacsarda. com, €€*

Sándor

Die Speisekarte bietet fast alles, was die ungarische Küche ausmacht. Schöne, große Gartenterrassen. *Er-*

kel Ferenc utca 30, Tel. 84/
31 28 29, €€€

Ein gutes Angebot an Obst, Gemüse,
Eingelegtem und allem, was die
Landwirtschaft der Umgebung her-
gibt – im Rohzustand oder nach Lan-
desart verarbeitet –, finden Sie in der
überdachten Markthalle am Sió-Kanal *(Somogy utca 2)*. Im Shoppingcenter *Kálmán-Hof* (neben dem
Kaufhaus Sió) zu empfehlen: der Laden *Csecse-becse* *(Hock János köz 2)*.
Hier wird die wunderschöne Keramik der Manufaktur *Herend* angeboten. Südlich des Zentrums gibt es
einen Markt, den so genannten *Pul-
lovermarkt (Vak Bottyán utca, Di und
Fr, Mitte Juni–Mitte Sept. tgl.)*.

Insider Tipp

Aranypart

Siófok bietet auf sieben Campingplätzen Platz für um die 6000 Menschen. Bei jungen Leuten beliebt: die
🏃 Camping- und Bungalowanlage
Aranypart mit großer Liegewiese am
See. *700 Plätze, Szent Lázló utca
183–185, Tel. 84/35 33 99, Fax
35 28 01, www.balatontourist.hu*

Azúr

Zur attraktiven Architektur gesellt
sich die erstklassige Lage am Seeufer. Großer Pool- und Wellnessbereich, auch Arrangements für Familien. *222 Zi., Vitorlás utca 11, Tel.
84/50 14 00, Fax 50 14 13, www.
hotelazur.hu, ganzjährig, €€€*

Club Siófok

An einem langen Stück Balaton-
strand liegen die zum Club Siófok
zusammengefassten Hotels *Europa*,

Lidó und *Hungaria*. Gut geeignet
für Familien. *Petőfi sétány 17, Tel.
84/31 06 30, Fax 31 33 04, www.
pannoniahotels.hu, €€*

Kentaur

Eine kleine Hotelanlage, der man
von der geschmackvollen Einrichtung bis zum Service anmerkt, dass
sie von der Inhaberfamilie Koller
zum Wohl der Gäste persönlich geführt wird. Auch das Restaurant
ist empfehlenswert. *29 Zi., 6 Apartments, Akácfa utca 1, Tel. 84/
35 00 01, Fax 35 02 97, www.
hotels.hu/kentaur-siofok, €€*

Panoráma

Ein Strandhotel am Goldenen Ufer
(Aránypart), das den Wandel vom
Hotel alten Typs zu einem mit modernen Standards geschafft hat. Mit
Wellness- und Beautycenter sowie
Tennisplatz. *156 Zi., Beszédes sétány 80, Tel. 84/31 16 37, Fax
51 02 26, ganzjährig, www.panora
mahotel-siofok.hu, €€€*

Villa Mediterrana

Dieses in mediterranen Farben gestrichene Apartmenthaus mit Pool
bietet ein gutes Preis-Leistungs-Ver-
hältnis. *8 Apartments, Sió utca 35,
Tel./Fax 84/31 18 92, ganzjährig,
www.siofok-balaton.com, €*

Mit etwa 78 000 m^2 und Platz für
mehr als 20 000 Badende und Son
nenanbeter ist der ★ 🏃 *Petőfi-
Strand* der mit Abstand größte und
beliebteste in Siófok: viel Sport (u. a.
Beachvolleyball und sogar eine Bun-
geeanlage), Restaurants, Cafés, und
ab 18 Uhr ist Partytime beim Coca-
Cola-Beach-House *(www.beachhou*

An der Hauptstraße Fő utca liegt das moderne Shoppingcenter Atrium

se.hu). Wasserski: *Pentasí* in *Siófok-Szabadifürdő (Vízisí pálya, links der Szent László utca).*

Diese Strandmeile hat durch den Bau exklusiver Apartmenthäuser und durch das Galerius-Bad eine Aufwertung erfahren. Ein neuer Yachthafen soll folgen. Das **Galerius-Bad** *(Szent László utca 183, ganzjährig tgl. 10–22 Uhr, www.galerius-furdo.hu)* hat verschiedene Becken für Groß und Klein (auch eins mit Thermalwasser), Saunen, Dampfbad, Whirlpool, Snackbar. Für Actionfans gibt es in Siófok-Kiliti den *Paintball-Extremsportpark (an der Str. 65 ausgeschildert, www.extremsport-siofok.hu).*

Insider Tipp

AM ABEND

Das Angebot reicht von der Operettenaufführung im Kulturzentrum *(Fő tér 2)* über den postmodern gestylten *Diskotempel Palace* mit bekannten DJs *(Ezüstpart, Deák Ferenc utca 2)* bis zu Sonnenuntergangsfahrten per Schiff (Infos zu Schiffsprogrammen: *Balatoni Hajózási Rt,* Krúdy sétány 2, Tel./Fax 84/31 00 50, www.balatonihajozas.hu).

Am großen Strand an der *Petőfi sétány* gibt es während der Hochsaison jeden Abend eine Beach-House-Party. Einen Dinnerevent offeriert das *Camelot (Siófok-Ezüstpart, Deák Ferenc utca 2, €€).* Dort wird wie im Mittelalter deftig und zünftig gespeist. An der Partymeile, der Petőfi sétány, reihen sich die Bars und Restaurants. Im Sommer spielen auch Bands, z. B. Jazz.

AUSKUNFT

Tourinform
Víztorony (im Wasserturm), Tel. 84/31 53 55, Fax 31 01 17, www.siofokportal.com

ZIELE IN DER UMGEBUNG

Balatonvilágos   **[123 D3]**
Wer von Siófok kommt, sollte die gut 5 km entlang der Uferstraße nach Balatonvilágos fahren. Von dort führt die Zrínyi út nach Balatonaliga. Einige der vielen Häuser in Seelage

sind Pensionen oder Apartmenthäuser. Die *Reneszánsz Panzió (20 Zi., Zrínyi utca 127, Tel. 88/59 63 70, Fax 48 05 83, www.reneszanszpanzio.hu, €€)* bietet außer gut ausgestatteten Zimmern auch einen Pool, Sauna, Billard und ein Restaurant. Was sich die Partei- und Staatsprominenz im Sozialismus gönnte, können Besucher noch im *Club Aliga (Aligai út 1, www.clubaliga.hu)* erleben, einer 52 ha großen Parkanlage mit Yachthafen, Tennisplätzen und großem Hallenbad, drei Hotelgebäuden sowie über 20 Häusern und Villen.

Insider Tipp
Nagyberény [123 D5]

16 km südlich von Siófok liegt dieses kleine Thermalbad. Es gehört zur Pension *Oázis*. Von den zwei Pools ist einer überdacht. Der Umkleideraum ist sehr einfach, aber das Heilwasser hat einen guten Ruf. Sogar das neue Galerius-Bad in Siófok bezieht sein Thermalwasser aus der Nagyberényer Oázis-Quelle. *József Attila utca 9, tgl. 8–19 Uhr*

Töreki-Seen [122 C5]

◆ Das Naturschutzgebiet 14 km südwestlich von Siófok umfasst das lauschige Bachtal des Cinege. Von dem Flüsschen, das es hier einst gab, sind zehn hintereinander liegende Seen geblieben – umgeben von einer wunderschönen Landschaft, die zu Spaziergängen und Radtouren einlädt.

ZAMÁRDI

[122 C4] Ihr erster Weg in Zamárdi (3000 Ew.) sollte an den großen ◆ Rasenstrand führen, um den herrlichen Blick über den See auf die Hügellandschaft des Nordufers zu genießen. Auf den 3 km langen Strand mit schilfbestandenen Buchten ist man in Zamárdi zu Recht stolz. Das touristisch geprägte Städtchen zieht sich über nahezu 10 km am See entlang und besteht, wie viele der größeren Balaton-Orte, aus ausgedehnten Wohngebieten mit Ferienhäusern und privater Zimmer- und Apartmentvermietung. Der eigentliche Ort liegt den Hügel hinauf, jenseits der Straße 7.

SEHENSWERTES

Kilátó (Aussichtsturm)

Insider Tipp
◆ Ein herrliches Panorama! Von der Turmplattform können Sie fast den ganzen See überblicken. *Zum alten Dorf Zamárdi hinauf, dann rechts in die Fő utca und weiter geradeaus in den Romai út, dort dem Schild Kilátó folgen*

Szántódpuszta

30 originalgetreu restaurierte Gebäude zeigen in diesem Freilichtmuseum, wie man im 18./19. Jh. auf einem ungarischen Gutshof arbeitete, lebte und wohnte. Vier Gebäude sind auch von innen zu besichtigen: die Kurie, ein Gesindehaus mit einer ortsgeschichtlichen Ausstellung, ein Gebäude mit dem Balaton-Aquarium und eines, in dem der Folkart-Laden mit schönem Kunsthandwerk untergebracht ist. Der Gang durch die Anlage ist gleichzeitig ein schöner Spaziergang. Von der ◆ *St.-Christophorus-Kapelle* haben Sie einen schönen Blick auf den Balaton. Zu sehen sind im Juli und August auch Reitvorführungen (extra zu bezahlen). *Mitte April–Mitte Okt. tgl. 8.30–17 (Juli/ Aug. bis 19) Uhr*

Tájház (Dorfmuseum)

In dem reetgedeckten alten Hof in der Mitte des alten Dorfes Zamárdi sind eine typische Einrichtung und zahlreiche Gebrauchsgegenstände früherer Zeiten zu besichtigen. *Fő utca 83, Juni–Aug. Di–So 10–12 und 16–18 Uhr*

Déjà Vu

Meisterkoch Sándor Hirsch bietet in seinem Restaurant gute, leichte Wild- und Fischgerichte und Salate. Bei ihm können Sie auch in der Bar – unter Palmen – Drinks mit Balaton-Blick genießen. Das Restaurant liegt 50 m vom Ufer entfernt. *Kiss Ernö utca (Freistrand), Tel. 30/ 936 59 83,* €€

Mauro

Bei dem waschechten Italiener Mauro stehen die Gäste während der Hochsaison Schlange: wegen der super Stimmung, wegen seiner schmackhaften italienischen Küche und wegen der fairen Preise. Auch prima Eis. *Kiss Ernő utca, Tel. 84/ 34 54 72,* €

Insider Tipp **Szent Kristóf Keller**

András Bacsa hat den Gästeservice auf Kreuzfahrtschiffen gelernt. Heute führt er mit seinem Bruder, einem Winzer, das familieneigene Weinkellerrestaurant. Das Konzept: preiswert und gut. Wurst, Schinken und Biokäse kommen von ausgewählten Bauern, und zu diesen deftig-leckeren Platten passen die hauseigenen Weine ebenso gut wie ein Bier. *Alsópincesor (am westlichen Ende der Fő utca im alten Dorf, dort ausgeschildert), Tel. 30/ 936 50 92,* €

Markt

An der Straße 7 *(Siófoki út),* neben der Kocsi Csárda, liegt der Markt von Zamárdi mit seinen Ständen von Körben über Keramik bis zu handgestickten Decken, Leder, Jacken und T-Shirts.

Zimek's Feine Edelbrände mit Schaubrennerei

Insider Tipp

Feine Obstbrände aus vielen verschiedenen Obstsorten entstehen in dieser einzigen *Schaubrennerei (im Sommer tgl. 8–19 Uhr)* am Plattensee. Erleben können Sie die Brennerei und die Spitzenschnäpse auch im Rahmen ausgiebiger Verkostungen (ganzjährig auf Anmeldung, auch komplett mit kalten Platten oder warmem Essen). Neben der Brennerei liegt das nette Restaurant *Sáfrány-völgy. Endrédi utca (auf der rechten Seite, gut 1 km von der Mol-Tankstelle an der Straße 7), Tel. 84/54 51 01, Fax 34 50 56, www. palinka.info*

Clubhotel Aquamarin

Die Panoramalage am See und die angenehme Atmosphäre sind die Vorzüge dieses Hauses. *8 Zi., 6 Apartments, Harcsa utca, Tel. 84/ 34 72 82, Fax 34 72 81, aquamarin @t-online.hu,* €€

Künszler Appartmanház

Fünf Apartments im Erd- und Dachgeschoss. Für die Kinder gibt es im Garten (mit Swimmingpool) eine Holzplattform mit Hütte und Rutsche. 250 m vom Balaton-Ufer. *Petőfi utca 12, Tel./Fax 84/ 34 53 70,* €€

Tina Haus

Ein attraktiver Natursteinneubau aus 70 cm starkem, natürlich isolierendem Mauerwerk mit sechs großzügigen und bestens ausgestatteten Apartments (u. a. Waschmaschine und Mikrowelle), dazu Balkon oder Terrasse. Nur 300 m von der Liegewiese am See entfernt. *Treffpunkt Gar 2000, Zamárdi-Felső, Vécsey Károly utca 72, Tel. 84/34 86 84, www.treffpunkt2000.hu, €€*

SPORT & STRÄNDE

Zu Zamárdi gehören fast 10 km Balaton-Ufer, davon bilden rund 3 km einen großen freien Strand, auch mit Sandstrand (an der Mole Bácskai utca und am Ende der Táncsics utca). Tretboote, Surfequipment und vielerlei mehr werden am Strand verliehen. Angeln können Petrijünger von den Molen oder auch direkt vom Ufer aus.

Der  *Tennis Klub* mit herrlichem Blick auf den Balaton liegt in der *Bácskai utca 12/Ecke Kiss Ernő (Tel. 84/34 74 51)*. Reiten können Sie in der *Kocsi Csárda (an der Straße 7, Siófoki út, Tel./Fax 84/34 90 10, www.kocsicsarda.hu.)* mit Reitschule, Kutschfahrten, Reitvorführungen, Restaurant und Apartmenthäusern.

Die Wanderrouten von Zamárdi sind größtenteils auch mit dem Rad zu befahren. Es gibt eine rote Route (18 km), eine grüne (ca. 10 km) und eine gelbe (8 km). Ein guter Fahrradverleih: *Treffpunkt Gar 2000, Zamárdi-Felső, Vécsey Károly utca 72, Tel. 84/34 86 84*

AUSKUNFT

Tourinform

Kossuth Lajos utca 16, Tel./Fax 84/34 52 90, zamardi@tourinform.hu

Artisten auf Pferden bei der Reitershow in Szántódpuszta

Mehr als nur Strandvergnügen

Romantische Schilfbuchten, Kirchenkleinode, stille Landschaften – der Reiz des Südwestens

Das flache, warme Wasser und die schönen, langen Strände ziehen schon seit Jahrzehnten Sonnenhungrige ans Südwestufer. Doch auch wenn die Strände von Balatonlelle über Fonyód bis Balatonberény im Sommer die Hauptattraktion sind – es gibt einiges zu entdecken. Wenn Sie z. B. vor der Kirche in Balatonberény stehen und auf die weißen Höfe schauen, die sich unter dem Reetdach ducken, gewinnen Sie auch heute noch einen Eindruck vom einfachen bäuerlichen Leben. Das barocke Széchenyi-Schlösschen in Balatonkeresztúr dagegen, der Kornspeicher und die Kirche zeugen vom Lebensstil einer Balaton-Aristokratie, die zwar standesgemäß nobel lebte, sich aber durchaus für das Wohl der Region engagierte.

Die traditionelle Volkskunst der Holzschnitzerei wird vor allem in Balatonlelle lebendig gehalten. Und in der sanft geschwungenen Hügellandschaft jenseits der Badeorte laden in den Weingebieten Kelterhäuser zur Einkehr, Reiterhöfe zu Ausritten und wenig befahrene Straßen zu Radtouren und Wanderungen ein. Besonders schön: Je weiter Sie längs

Wunderbar nostalgisch ist die Fahrt mit einer der Kleinbahnen Ungarns

Auch Störche fühlen sich hier wohl

des Balaton nach Westen kommen, desto naturbelassener ist das Ufer.

Der höchste Hügel dieser Region ist – wie die Basaltkegel am nördlichen Ufer – vulkanischen Ursprungs: der Fonyóder Berg mit seinen beiden Kuppen Vár-hegy und Sipos-hegy. Für Naturfreunde ist der Kis-Balaton, eine faszinierende Naturoase, ein Muss.

BALATONBERÉNY

[124 C1] Familiär und ruhig ist dieser Badeort (1100 Ew.) mit seinen 7 km Balaton-Ufer. Fahren Sie von Süden, von Balatonszentgyörgy kommend, nach Balatonberény hinein, geht es den Berg hinunter zum kleinen Bahnhof und dem gegenüberliegenden Strandbad an der Balaton utca. Sie ist die touristische Meile, an der die meisten Restaurants und

Unterkünfte liegen. Das eigentliche Dorf zieht sich entlang der Hauptstraße den Hügel hinauf und hat sich seinen Charakter bewahrt; dazu gehören *Reetdachhöfe* im oberen Teil der Straße, gegenüber der Kirche und weiter dorfauswärts.

SEHENSWERTES

Római katolikus templom (Römisch-katholische Kirche)

Die Kirche aus dem 14./15. Jh. erstrahlt nach der Renovierung in frischer Schönheit. Sie wurde im 18. Jh. im Barockstil umgebaut. Innen erinnert sie in ihrer beschaulichen Intimität eher an eine Kapelle. *Kossuth Lajos utca 58*

MUSEUM

Múltház-muzeum (Heimatmuseum)

Die Gemeinde bewahrte das reetgedeckte Bauernhaus vor dem Verfall und richtete es in traditionellem Stil ein. Zu sehen sind auch alte Fischerutensilien. *Kossuth Lajos utca 129, Juni–Anfang Sept. Di–So 10–12 und 15–18 Uhr*

ESSEN & TRINKEN

Búbos Csárda

Eine Perle der Bauernhausarchitektur, 180 Jahre alt. Hausmannskost wie Búbos-Braten, gefülltes Kraut oder ungarische Gulaschsuppe. Mit Grillgarten. *Kossuth utca 65, Tel. 20/ 468 10 81, €*

ÜBERNACHTEN

Hotel Beach

Der einzige Hotelkomplex des Ortes liegt in einer Parkanlage am See mit 300 m hoteleigenem Strand. Das Haus wird 2007 umgebaut und modernisiert. *190 Zi., Balaton utca 2, Tel. 85/37 76 08, Fax 37 76 82, www.hotels.hu/beach_hotel, €€*

FKK Camping & Strand

Der schönste Platz der 6 ha großen Anlage ist die hölzerne Bade- und Sonnenplattform im See. Relativ einfacher Standard, familiäre Atmosphäre. Für Tagesgäste: Eintritt 600 Forint. *300 Plätze, Hétvezér utca 2, Tel. 85/37 77 15, Fax 37 78 57, na turista@t-online.hu*

SPORT & STRÄNDE

Die *Áce-Tennisanlage (Botond utca 5, Tel. 30/270 95 33)* mit zwei Plätzen und Clubhaus liegt strandnah. Passionierte Angler finden eine ausgezeichnete Stelle für Wels und Zander an der Mündung des Flusses Zala in den Balaton. Hier darf jedoch nur vom Boot aus geangelt werden.

BALATONBOGLÁR

[121 F5–6] Der Ferien- und Weinort Balatonboglár (6000 Ew.) zieht sich über mehrere Kilometer am Plattensee entlang. Die Ufer liegen nördlich der Straße 7, der Ortskern, die Weinanpflanzungen und das hügelige Hinterland dehnen sich südlich dieser Hauptstraße aus.

SEHENSWERTES

Aussichtskugel

Etwa 20 Minuten zu Fuß oder wenige Minuten mit dem Auto sind es vom Ortszentrum *(Templom utca)* zur großen, runden Aussichtskugel auf der Anhöhe des Hügels Vár-hegy (ausgeschildert). Von dort aus genießen Sie einen tollen Balaton-Weitblick.

Weinmuseum

Das Museum der Balatonboglárer Weinwirtschaft zeigt die Geschichte des Anbaugebiets Dél-Balaton. Das klassizistische Gebäude entstand 1834. *Schloss Szőlőskislak, Balatonboglár-Szőlőskislak, Mo–Do 8–16, Fr 8–14 Uhr*

Insider Tipp

Csehivölgyi Pincevendéglő

Das stimmungsvolle Restaurant mit einem Weinkeller und prima Terrassenplätzen am großen Außenkamin ist den kurzen Abstecher (4 km nach Süden ins Dorf Ordacsehi) wert. Sehr zu empfehlen sind die Wildgerichte; günstige Tagesangebote. *Fő utca 123, Tel. 85/ 45 03 18, €*

Erzsébet

Im Erzsébet bleibt man den guten alten Balaton-Traditionen treu: Die Einrichtung ist einfach, es gibt Hausmannskost, im Sommer viele Plätze im Freien und einen Kinderspielplatz. *Erzsébet utca 23, Tel. 85/ 35 35 37, ganzjährig, www.restaurantguide.hu/erzsebet_boglar, €€*

Villa Boglárka

Von toskanischen Vorbildern haben sich die Inhaber bei der Architektur inspirieren lassen. Preisgünstige Hausmannskost. Auch eine Pension *(6 Zi.). An der Straße 7 etwas außerhalb in westlicher Richtung, Tel. 85/ 55 00 04, Fax 36 04 37, www.villa boglarka.hu, €*

Ottó Légli

Ottó Légli zählt zu den besten ungarischen Winzern. Er bietet geschmacksstarke, harmonische Weißweine wie den Légli 333, den Légli Blanc, seinen *olaszrizling* oder den

---

MARCO POLO Highlights »Südwestufer«

★ **Aussichtspunkt Fonyód**
Am Berg Sipos ein herrlicher Blick auf die Vulkane des Nordufers (Seite 88)

★ **Kapoli-Museum**
Holzschnitzereien der Volkskünstler Kapoli in Balatonlelle (Seite 84)

★ **Bencés apátság romjai**
Sehenswerte Ausgrabungsstätte in Somogyvár (Seite 89)

★ **Volkskunst**
Vor dem Volkskunstmuseum in Buzsák können Sie Frauen bei der Arbeit an der berühmten Buzsák-Stickerei zuschauen (Seite 89)

★ **Kis-Balaton (Kleiner Balaton)**
Bedeutendes Vogelschutzreservat mit einzigartiger Fauna und Flora (Seite 89)

Chardonnay. *Árpád utca 47, Tel./ Fax 85/55 03 10*

ÜBERNACHTEN

Appartementhaus Illés

Die Außentreppen und Balkongeländer aus Holz fallen ins Auge. Drei Doppelzimmmer unten, zwei Bäder und Küche, drei Doppelzimmer oben. *6 Apartments, Alkotmány utca 7, Tel./Fax 85/35 l4 95, www.balaton.hu/illes-boglar, €€*

Sellő Camping

In sehr schöner Lage auf einer Halbinsel mit Sandstrand direkt neben dem Yachthafen, gute Ausstattung. Für 450 Personen ausgelegt. *Kikötő utca 3, Tel./Fax 85/55 03 67, www.balatonihajozas.hu*

SPORT & STRÄNDE

Wassersportbegeisterte finden in Balatonboglár beste Voraussetzungen zum Segeln, Surfen, Schwimmen. Es gibt auch einen Yachthafen. Balatonboglárs *Tenniszentrum* mit zehn Plätzen und einer Halle liegt in der *Tinódi utca.*

AUSKUNFT

Tourinform

Balatonboglár, Erzsébet utca 12, Tel./Fax 85/55 01 68, balatonboglar@tourinform.hu

ZIEL IN DER UMGEBUNG

Szenna   [125 F6]

Auf dem großen Gelände des *Freilichtmuseums Skanzen (Ethnografisches Freilichtmuseum, Rákóczi Ferenc utca 2, April–Okt. Di–So 10 bis 18, Nov.–März 10–16 Uhr)* von Szenna (700 Ew.) 65 km südlich sind fünf strohgedeckte Höfe und drei Kelterhäuser zu besichtigen. Die *Kirche* im Bauernbarock (1785) hat eine wunderbar bemalte Decke.

BALATONFENYVES

[125 E1] Den familiären Charakter von Balatonfenyves (2300 Ew.) wis-

Adrett herausgeputzt: reetgedeckte Häuser in Balatonboglár

Ein häufiger Anblick am Balaton: Pferde mit und ohne Reiter

sen vor allem Naturliebhaber und Familien zu schätzen. An der Uferstraße entlang ziehen sich bis zum Zentrum am Bahnhof über Kilometer die baumbeschatteten Ferienhäuser und kleineren Villen.

SEHENSWERTES

Nagy-berek
In diesem einst mit dem Plattensee verbundenen Sumpf- und Moorgebiet brüten seltene Vögel wie Seeadler, Schwarzstörche, Silberreiher, Moorenten und Wachtelkönige. Das teils ausgetrocknete Terrain soll wieder zu einem Feuchtgebiet werden. Das Areal eignet sich sehr gut für eine Radtour oder eine Kutschfahrt.

St.-Elisabeth-Kirche
Die römisch-katholische Kirche mit dem frei stehenden Glockenturm wurde 1977 eingeweiht. Das Backsteinbauwerk mit den Lichtbändern lebt von der so schlichten wie interessanten Architektur. *Erzsébet/Ecke Kölcsey Ferenc utca*

ESSEN & TRINKEN

Kupa
Architektonisch ein Kleinod aus den Dreißigerjahren des 20. Jhs. mit In-

nenhofterrasse und überdurchschnittlich guter Küche. *Vörösmarty Mihály utca 105, Tel. 85/56 01 95, ganzjährig, www.restaurantguide.hu/kupa, €€€*

Paprika Csárda
Hier finden Sie, was sich die meisten Balaton-Gäste wünschen: gute Hausmannskost und eine gemütlich-rustikale Atmosphäre. Mit Terrasse und Kinderspielplatz. *Fenyvesi út 268, Tel. 85/36 34 67, www.restaurantguide.hu/paprika, €*

ÜBERNACHTEN

Hubertus-Hof
Das Reiter- und Jagdhotel unter alten Bäumen im Hubertuspark ist eine wahre Oase mit traditionellem Flair und allem modernen Komfort. Auch das *Hubertus-Restaurant*, auf junges Wild aus dem eigenen Revier spezialisiert, ist empfehlenswert. *28 Zi., Nimród utca 1, Tel. 85/46 09 61, Fax 56 02 71, ganzjährig, www.hubertus.hu, €€€*

Peter Pension
Ein Haus mit sieben Apartments (vier mit Balkon), Pool, Tischtennis, Sauna und eigenem Steg zum See. Infos und Buchung: *Roaming World,*

*Vörösmarty út 10, Tel. 85 / 46 04 40,
Fax 46 04 33, www.roamingworld.
hu, € – €€*

SPORT & STRÄNDE

Über 1 km zieht sich der Strand von Balatonfenyves am Balaton entlang. Bei Anglern ist das große Schilfgebiet westlich des Vízházi-Grabens ein beliebter Fangplatz (vom Boot aus oder von Stegen). Für eine Radtour empfiehlt sich das Naturschutzgebiet *Nagy-berek*. Die nette Kleinbahn hat vom Alter gezeichnete Waggons, die Schienen wurden jedoch ausgebessert. Wer nostalgische Bahnen liebt und die Landschaft vom langsam zuckelnden Zug aus erleben möchte, kann bis Somogyszentpál und zurück fahren.

BALATONLELLE

[121 F5–6] Balatonlelle (5000 Ew.) hat sich zu einem beliebten Urlaubsziel vor allem für Familien entwickelt. Nahe dem Bahnhof sind Sie mitten im touristischen Zentrum. Vor Ihnen liegen der Strand und der Hafen, östlich davon die Seepromenade mit weiteren Stränden und Hotels.

Balatonlelle hat sich in den letzten Jahren ausgesprochen gut entwickelt und bietet seinen Gästen u. a. das bislang einzige Erlebnisbad am Strand. Der neueste Anziehungspunkt ist der *Lelle Yachtclub (Köztár-saság 36–38)*. Sehr reizvoll ist auch die Hügellandschaft jenseits des Ortszentrums – Balatonlelle ist ein Weinanbaugebiet. Die von Re ben, Wald und Wiesen geprägte Natur lädt zu Radtouren und Wanderungen ein.

SEHENSWERTES

Herrenhaus Szalay/ Kulturzentrum

1838 in klassizistischem Stil erbauter Landsitz. Hinter dem Haus liegt eine Freilichtbühne. Sie wird für Folklore- und andere Sommerveranstaltungen genutzt. *Kossuth Lajos utca 2*

Kishegy/Barockkapelle

Inside Tipp

❇ Von der kleinen Barockkapelle am Kishegy (Kleiner Berg) bietet sich ein wunderschönes Panorama über den Plattensee und das Nordufer. Sie erreichen die Kapelle nach einer etwa einstündigen Wanderung vom Bahnhof Balatonlelle aus oder mit dem Auto über die Szövetség utca und die Kishegy utca; im Wald müssen Sie dann die linke Abbiegung den Hügel hinauf nehmen und anschließend weiter bis zum Ende der Straße fahren.

MUSEEN

Afrika-Museum

Es zeigt in schönem Rahmen die Trophäensammlung des Grafen Pongrácz Somssich, außerdem Kultobjekte, Fotos und Illustrationen zur Fauna und Flora. *Kossuth Lajos utca 4, Mitte Mai–Mitte Sept. Mo–Sa 10 bis 18 Uhr*

Kapoli-Museum

★ In einem restaurierten, gegen Ende des 17. Jhs. gebauten Bauernhaus sind die Werke der beiden Kapoli zu sehen: Anatol Kapoli senior und junior haben sich als Volkskünstler mit ihren Schnitzereien einen Namen gemacht. *Kossuth Lajos utca 35, Mo bis Sa 9–18, So 9 bis 12 Uhr*

ESSEN & TRINKEN

Majthényi Fogadó

Ein idyllischer Platz bei der Barockkapelle am Kishegy. Von der ↘ Terrasse auf der Rückseite haben Sie einen wunderbaren Ausblick. Herzhafte Küche aus dem Bauernofen, Weinkeller. *Kishegyi út, Tel. 20/968 23 97, €*

Matróz Csárda

Schön deftig: Wer die Matrosenplatte für zwei bestellt, bekommt Lende und ein Schweinekotelett, eine Hühnerkeule, Budapester Ragout und ein Spiegelei obendrauf. *Köztársaság utca 64, Tel. 85/55 41 08, €*

EINKAUFEN

Wein

Das Restaurant *Balaton-Keller (Abzweigung bei km 132 an der Straße 7, Tel. 20/339 43 83)* bei der Reitsportanlage Rádpuszta hat den größten Weinkeller am Balaton. Er stammt aus dem Jahr 1860. Dort lagern in alten Eichenfässern um die 45 000 l Wein. Ein Weingut mit zahlreichen prämierten Weinen ist *St. Donatus (Kishegyi út 42, www.garamvariszolobirtok.hu)*. Oben am Kishegy, beim Restaurant Majthényi, liegt das Weingut Konyári. Es keltert vor allem Rotweine (Loliense Cabernet Sauvignon, Merlot-Kekfrankos). *Verkauf und Verkostung im Sommer Mo–Fr 10–18 Uhr, sonst auf Anfrage, Kishegy, Tel. 30/475 50 78, www.konyari.hu*

Insider Tipp

ÜBERNACHTEN

Francoise

Pool im Garten und eigene Badeplattform im See. *20 Zi., 2 Apartments, Köztársaság utca 31, Tel. 85/35 24 29, Fax 35 22 33, www.francoise.hu, €€*

Lelle Park

Modernes Apartmenthaus direkt am See. 20 der 38 Apartments sind ganzjährig zu mieten. Eigener Strandabschnitt. *Napospart utca 1, Tel./Fax 85/45 03 17, www.lellepark.com, €€*

Lidó

Das Hotel in zwei Gebäuden liegt in einem Park nahe dem Hafen. Von der Terrasse des Restaurants können Sie dem lebhaften Treiben auf der Strandpromenade zuschauen. *48 Zi., Móló sétány 2, Buchung: Kontakt Tourist, Rákóczi út 62, Tel. 85/55 41 16, Fax 35 02 69, www.kontakttourist.hu, €€*

Nárcisz Apartments

Diese Apartmentanlage hat einen direkten Zugang zum Freistrand von Balatonlelle. Die Einrichtung ist etwas altmodisch, die Preise sind dafür recht günstig. 20 Doppelzimmer mit Kühlschrank und kleiner Kochnische im Schrank. *4 Apartments, 20 Zi., Honvéd utca 14, Tel./Fax 85/35 14 95, www.balaton.hu/narciszpanzio, €*

SPORT & STRÄNDE

Das strandnahe *Erlebnisbad (Napospart utca)* mit Pool und breiter Funrutsche ist *der* Anziehungspunkt. Die Balaton-Strände liegen zu beiden Seiten des Yachthafens. Surfen: *Windsurfschule Móló (an der Hafenmole, Tel./Fax 85/32 72 58)*. Lipizzaner und ungarische Halbblüter hat die attraktive Reitsportanlage *Rádpuszta (Abzwei-*

Insider Tipp

Auch für Surfer ein gutes Revier

ZIEL IN DER UMGEBUNG

Wild-Erlebnispark Zselic [126 B6]
65 km südlich von Balatonlelle (15 km südlich der Bezirkshauptstadt Kaposvár) gibt es einen der größten geschlossenen Hirschbestände in Europa. Zu sehen sind Damhirsche und Wildschweine. Wenn Sie sich mit Freunden zusammentun (8–10 Pers.), können Sie sich zwischen März und August zu einer halb- oder ganztägigen Tour anmelden, auf Wunsch mit einem Wildfleischessen am See. *Böszénfa, Malom utca 3, Tel. 82/57 05 19, www.lovas akademie.hu*

BALATONMÁRIA-FÜRDŐ/BALATON-KERESZTÚR

[125 D1] Als monoton wird Balatonmáriafürdő (640 Ew.) wegen seiner kilometerlangen Reihen von Wochenendhäusern und dem nur kleinen Zentrum in Bahnhofsnähe beschrieben, doch manchen lockt gerade diese Beschaulichkeit. Sie korrespondiert mit einer Natur, wie man sie in anderen Balaton-Regionen kaum mehr findet. Wer sich richtig erholen will und Sinn für eine stille Landschaft hat, der ist hier gut aufgehoben. An einigen schilfgesäumten Uferabschnitten könnte man so idyllische Bilder malen, wie sie die Landschaftsmaler des 19. Jhs. schufen.

Bergwärts, jenseits des Bahnhofs, erstreckt sich auf dem Marcali-Hügel der Ortsteil Balatonkeresztúr. Er hat im Gegensatz zu Balatonmáriafürdő echten Dorfcharakter und einige Sehenswürdigkeiten.

gung bei km 132 an der Straße 7, Tel. 20/966 04 41, www.radpusz ta.hu); auch Ponyreiten für Kinder und Kutschfahrten sowie Pensionszimmer. In der pittoresken Anlage werden zwischen Mai und September auch Programme wie Folklore oder eine Räuberparty angeboten, kulinarische Spezialitäten sind Ente aus dem Bauernofen oder ein Kesselgulasch.

Schöne Wanderrouten gibt es am Hügel Kishegy. Auf bequeme Art geht es bei einer Rundfahrt, z. B. ab der Hafenmole, dort hinauf.

AM ABEND

Im Juli und August gibt es *Orgelkonzerte* in der katholischen Kirche *(Kossuth Lajos utca 81)* und Kammermusik in der Kirchenruine Rádpuszta.

Római katolikus templom (Römisch-katholische Kirche)

Ein kreuzförmiger Barockbau von 1753. Die im Oratorium dargestellten Kirchenpatrone stellen Mitglieder der Aristokratenfamilie Festetics dar. Die Wandmalereien werden der Maulbertsch-Schule zugeschrieben. *Balatonkeresztúr, Iskola utca/Eingang Újélet utca*

Ági's Steak-Haus

Schon ab morgens um 10 Uhr eine beliebte Adresse. Es gibt Pizzen, eine gute Auswahl an Salaten und natürlich Steaks. Für die Cocktails ist der Sohn des Hauses zuständig, der bereits einige Auszeichnungen gewann. Zwei Terrassen. *Akácfa út 163, Tel. 85/37 58 11, €€*

Viktor

Nicht weit vom Strandbad. Rustikal, mit Hausmannskost (Kartoffelsuppe, Zigeunerbraten) und Wild. Eigene Weine, Cocktails. *Vilma utca 9, Tel. 85/37 68 10, www.tengerdi.hu, €*

Janette

Das einzige Hotel des Orts mit individuellem Zuschnitt. Für rustikalere Gemüter gibt es fünf Holzhütten im Garten. Eigener Steg am See, Restaurant. *46 Zi., Balatonkeresztúr, Ady Endre utca 93, Tel. 85/37 65 22, Fax 57 50 12, www.janette.hotel.hu, €€*

Insider Tipp

Regens Wagner Ferienanlage

Eine schöne, große Gartenanlage am See mit Villa, Ferienhaus und Campingplätzen. Hier leben Menschen mit Behinderungen, aber das gepflegte Anwesen steht auch nicht behinderten Gästen offen. Besonders romantisch ist das Turmapartment. Träger ist die deutsche Regens-Wagner-Stiftung *(www.regens-wagner.de)*. *Rákóczi utca 1, Tel. 85/37 68 82, in Deutschland: 09071/50 23 10, Fax 50 21 15, €€*

10 km Balaton-Ufer gehören zu Máriafürdő. Das Strandbad liegt gegenüber dem Bahnhof westlich des Hafens. Die beiden langen Hafenmolen sind beliebte Angelplätze. Da der Ov-Kanal in den Hafen mündet, ziehen die Anschwemmungen die Fische an, vor allem Welse.

FONYÓD

[121 E6] Fonyód besteht aus mehreren Ortsteilen mit sehr verschiedenen Gesichtern: Die Strandkönigin ist der westliche Ortsteil *Fonyódliget*. Hier gibt es über Kilometer hinweg außer dem langen Strand und einem Streifen Ferienhäusern kaum etwas.

Reger Sommerbetrieb herrscht vor allem im Yacht- und Fährhafen, dem nach Siófok zweitgrößten des Plattensees. Er liegt im eigentlichen Fonyód, das sich wie ein Bauch zwischen den Ortsschwestern Fonyódliget und dem westlich gelegenen Bélatelep wölbt. Der Grund dafür ist der breitfüßige Fonyód-Berg mit seiner doppelten Spitze, an dem ein Teil des Städtchens liegt. Die Zwillingsgipfel *Sipos-hegy* und *Vár-hegy* sind mit 207 bzw. 233 m Höhe die markantesten Erhebungen am Südufer.

Fahren Sie westwärts, rücken Berg, Straße, Bahn und See immer enger zusammen. Im Fonyód-Villenviertel Bélatelep schließlich sind es nur wenige Schritte von der Straße über die Bahn zum Strand. Am Fonyóder Yacht- und Fährhafen erwartet Besucher neben dem Strandbad der einladende Platz *Vigadó tér* mit Promenade, Café und einem *lángos*-Stand.

SEHENSWERTES

Aussichtspunkt Fonyód

★ ◢◣ Er liegt am Berg Sipos *(Sipos-hegy)* an der Bartók Béla utca (ortsauswärts auf der rechten Seite). Der Blick über See und Vulkanlandschaft am Nordufer ist einer der schönsten am Balaton. Nach links führen Wanderwege durch die schöne Landschaft noch höher hinauf.

ESSEN & TRINKEN

Öreg Présház

In diesem 200 Jahre alten Kelterhaus mit den markanten weißen Säulen sitzen Sie drinnen in einem großen Weinkeller oder draußen auf einer der beiden Terrassen. Auf der Speisekarte steht z. B. eine knusprige Schweinshaxe vom Mangalitzaschwein mit Pilzen und Topfennudeln. *Lenke utca 21, Tel./ Fax 85/70 55 30, www. kaposho tel.hu,* €€

Torony

Am Turm *(torony)* leicht zu erkennen. An der Straße 7, direkt am Strand von Bélatelep. Hier finden Sie von morgens um 7 bis Mitternacht nahezu alles, was der Magen begehrt. *Vitorlás utca, Tel. 85/ 36 38 05, www.vstorony.hu,* €€

Villa Galéria

Dieses Pizzeriarestaurant liegt am Strand und trägt seinen Namen zu Recht: Das Haus ist eine schicke Villa. Drinnen ist nur Platz für die Bar, gegessen wird im Garten. *Fürdő utca 2, kein Tel.,* €

ÜBERNACHTEN

Apartmenthaus Fon 1969

◢◣ Von der oberen Ferienwohnung mit Terrasse hat man einen wunderbaren Balaton-Blick. Es gibt sechs unterschiedlich große Apartments. Alle sind erstklassig ausgestattet. *Szabó Ferenc utca 4, ganzjährig zu mieten über Balaton-Plattensee, Tel./Fax 85/36 37 18, www. balaton-plattensee.hu,* €€€

Napsugár Bungalow & Camping

Auf einem Naturgrundstück in Bélatelep (zwischen Hauptstraße und Bahnlinie), 2,5 km vom Ortszentrum Fonyód. Eigener Strand mit Liegewiese. *42 einfache Bungalows, 760 Stellplätze, Fonyód-Bélatelep, Wekerle utca 5, Tel. 85/36 12 11, Fax 36 10 24, www.balatontourist. hu*

SPORT & STRÄNDE

Der große Strand von Fonyód, das sind die 1000 m Seeufer in Fonyódliget. Er ist zwar schmal, aber schön wie eine Gartenanlage. Der Hafen von Fonyód ist ein lebhaftes Seglerrevier. Angler finden an der Mole im Hafen fangreiche Gründe.

AUSKUNFT

Tourinform

Vigadó tér 1, Tel. 85/56 03 13, fonyod@tourinform.hu

Eindrucksvolle mittelalterliche Ausgrabungen: Bencés apátság romjai

ZIELE IN DER UMGEBUNG

Buzsák [125 E2]

Die Buzsáker ★ Volkskunst ist weit über die lokalen Grenzen hinaus bekannt. Das Heimatmuseum 15 km südlich von Fonyód ist ein Haus aus dem 19. Jh., in dem u. a. eine Küche mit offener Feuerstelle ausgestellt ist. In einer Vitrine ist eine Stickerei auf weißem Tüll zu sehen, die viermal hintereinander in Brüssel, der Hochburg der Spitzen, auf einer Ausstellung prämiert wurde. *Landeshaus der Volkskunst, Táncsics Mihály tér 7, Mitte April–Sept. tgl. 9–16 Uhr.*

Somogyvár [125 F2]

Die Fahrt führt durch die schöne Hügellandschaft der Somogyer Berge. Allein der herrliche Blick von der ✹ Anhöhe der Ausgrabungsstätte ★ *Bencés apátság romjai (April bis Okt. Di–So 10–18 Uhr)* 20 km südlich von Fonyód mit den Ruinen eines mittelalterlichen Benediktinerklosters ist die Tour wert. Die Ausgrabungen auf dem Hügel, der schon in der Bronzezeit besiedelt und mit einer Wallburg bebaut war, wurden 1824 begonnen, aber erst ab 1972 brachte die weitere Erschließung die mächtige Basilika des Klosters und das Kloster selbst ans Licht. Die Basilika ist über eine Länge von 60 m und eine Breite von 24 m freigelegt. Das Kloster war die wichtigste Gründung von König Ladislaus (Ende des 11. Jhs). Sehenswert ist in Somogyvár auch die 1841 erbaute *Kirche* neben dem Schloss der gräflichen Familie Széchenyi (heute eine heilpädagogische Stätte). Altar, Kanzel und Altarbild ließ Graf László Széchenyi in Wien fertigen.

KIS-BALATON (KLEINER BALATON)

[124 B1–2] ★ Ausgedehnte Schilfgebiete, große Wasserflächen, Sumpfwiesen, Tümpel, Eschen- und Erlenauen – das sind die landschaftlichen Attribute, die den Kis-Balaton zu einem der bedeutendsten Vogelschutzreservate Ungarns machen. Die einzigartige Naturoase wird international als *Important Bird Area*, als wichtiger Rast- und Brutplatz, geführt. Im Herbst rasten hier um die 50 000 Wildgänse sowie Hunderte von Silberreihern und Schellenten. 150 km^2 umfasst das Naturschutzgebiet. Es bietet 250 Vogelarten sowie zahlreichen anderen Tieren ideale Lebensbedingungen. Hier können Sie Ungarns größte Kormorankolonie bestaunen, hier leben und brüten u. a. Silber-, Seiden- und Nachtreiher, Rohrdommeln und Flussseeschwalben. Nüchtern betrachtet, ist das so natürlich anmutende Ökoparadies mit seiner in Mitteleuropa einzigartigen Sumpfvegetation nichts anderes als eine von Menschenhand geschaffene Kläranlage für den Plattensee. Seine Existenz verdankt es der Tatsache, dass die Wasserqualität des Balaton auf Grund der Belastungen durch den Fluss Zala immer schlechter wurde, denn das ursprüngliche klärende Sumpfgebiet hatte man in den Zwanzigerjahren trockengelegt. In den Achtzigerjahren wurde damit begonnen, die Naturlandschaft zu rekonstruieren, um den Schutz des Plattensees zu gewährleisten.

Der größte Teil des Kis-Balaton ist ein strikt geschütztes Gebiet und darf nur mit spezieller Genehmigung bzw. in Begleitung eines Führers erkundet werden.

SEHENSWERTES

Beobachtungstürme

Auf der Insel Kányavár bei Balatonmagyaród gibt es ein Besucherzentrum mit zwei Aussichtstürmen. Schon der kurze Weg dorthin ist interessant, denn Sie erreichen die Türme nur über eine dreibogige Fußgängerbrücke über das Wasser. Mit bloßem Auge sehen Sie von den Vögeln jedoch wenig; Sie brauchen ein gutes Fernglas, um den Tieren von den Türmen aus näher zu kommen.

Kápolnapusztai Bivalyrezervátum (Büffelreservat)

Sehenswert ist das Büffelreservat Magyaród in Kápolnapuszta (zwischen Zalakomár und Balatonmagyaród). Hier hat man es sich zum Ziel gesetzt, dem ungarischen Wasserbüffel das Überleben zu sichern.

Rundfahrt

Wie vielfältig die Landschaft des Kis-Balaton ist, können Sie bei einer Tour rund um das Areal erleben. Die Strecke: von Sármellék 5 km auf der Straße 75 nach Süden fahren, dann nach rechts Richtung Zalavár abbiegen. Weiterfahren bis zur Straße Richtung Garabonc und Zalakaros, die nach links abbiegt. Dann nach Osten Richtung Zalakomár fahren und auf der 7 in nördlicher Richtung nach Sávoly. Den Abschluss der Umrundung bildet ein Abstecher nach Fönyed am östlichen Rand des Naturschutzgebietes.

AUSKUNFT

Informationszentrum Vönöczky Schenk Jakab

Das Informationszentrum liegt an der Straße 76 von Balatonszentgyörgy Richtung Sármellék (von Osten kommend links der Straße am Kanal). Hier bekommen Sie Informationsmaterial, können Wissenswertes in einer Ausstellung erfahren und eine Führung vereinbaren (nur nach vorheriger Anmeldung). *Tel. 83/31 53 41, Mo–Do 7.30 bis 16, Fr 7.30–13.30 Uhr, 9,50 Euro pro Person*

ZIELE IN DER UMGEBUNG

Zalaapáti   [120 B6]

Ein Erlebnis ganz anderer Art bietet ein Abstecher von Sármellék ins 4 km westlich gelegene Zalaapáti. Hier wurde ein um 1770 gebautes Schlösschen in einem Park grundlegend renoviert. Die Attraktion des Hauses ist die erlesene *Sammlung von 35 Kachelöfen (Besichtigung nach Anmeldung)*. Der älteste stammt aus dem 16. Jh. Das herausragende Exemplar, 4 m hoch, ist ein Empireofen von 1829. Zum Schloss gehören auch drei Ferienhäuser mit Apartments: *Schloss Szentkirályi, Jókai utca 130, Tel./Fax 83/35 23 09, www. westbalaton.de/hugograndi, €*

Zalakaros   [124 B2]

In Zalakaros wenige Kilometer südwestlich vom Kleinen Balaton suchte man vor etwa 30 Jahren nach Erdöl – und fand stattdessen eine mineralreiche Quelle. Das *Thermalbad Gránit (Thermál utca 4, www.furdo-zalakaros.hu, tgl. 8.30–18 Uhr)* ist eine große Kur- und Wellnessanlage, u. a. mit einem überdachten Erlebnisbad mit 3500 m^2 Wasserfläche.

Die besten Thermalhotels sind das Hotel *Karos Spa (223 Zi., Alma utca, Tel. 93/54 25 00, Fax 54 25 01, www.karos-spa.com, €€€)* und das *MenDan (72 Zi., 88 Apartments, Gyógyfürdő tér 8, Tel. 93/54 21 41, Fax 54 22 54, www.mendan.hu, €€€)*. Klein und familiär ist das *Aquatherm Hotel (22 Zi., Üdülősor 6, Tel. 93/54 19 10, Fax 54 19 11, www.hotel-aquatherm.com, €)*. Komfortable Apartments bietet das Haus *Quelle Smaragd & Azur (Gyógyfürdő tér 3–4 Tel./Fax 93/34 07 76, www. keszthelytourist.hu, €)*.

Abendliches Farbenspiel: Sonnenuntergang am Kis-Balaton

Entdeckungen im Hinterland

Die Touren sind in der Karte auf dem hinteren Umschlag und im Reiseatlas ab Seite 120 grün markiert

1 SEHENSWÜRDIGKEITEN IM NORDÖSTLICHEN HINTERLAND

Vom Südufer aus beginnt diese Tour mit der Überfahrt (Autofähre) von Szántódrév bei Zamárdi zur Halbinsel Tihany, vom Nordufer aus in Balatonfüred. Die Strecke von 75 km Länge führt von Balatonfüred über Veszprém nach Nemesvámos, Nagyvázsony, Mencshely, Dörgicse, Vászoly, Pécsely, Aszófő zurück nach Balatonfüred bzw. weiter nach Tihany zur Fähre nach Szántódrév am Südufer. Planen Sie einen Tag.

Wer vom Südufer mit der Fähre nach Tihany übersetzt, nimmt gleich an der Fährstation Tihany die Straße rechts nach *Balatonfüred (S. 33)*. Sie führt entlang des Balaton-Ufers zur Straße 71. Dort nach rechts (Balatonfüred) abbiegen. Die 71 führt durch Balatonfüred hindurch. Bei Csopak links in nordöstlicher Rich-

Bei Touristen beliebt: mit Pferd und Wagen durch die Weinberge

tung nach *Veszprém (S. 33)* abbiegen. Ausgangspunkt für eine Besichtigung der »Stadt der Königinnen« ist der Platz *Óváros tér* am Fuß des Veszprémer Burgbergs mit prächtigen Jugendstilhäusern und dem Rathaus von 1875. Veszpréms Wahrzeichen ist der *Feuerturm* im Zopfstil, von dem sich eine herrliche Aussicht bietet. Das Heldentor nahe dem Feuerturm ist der Eingang zur Burganlage. Sehenswert sind u. a. die Piaristenkirche, das Erzbischöfliche Palais, der Dom und die Giselakapelle. Nach dem Rundgang bietet sich eine Pause auf der Terrasse oder im Restaurant des netten *Café Piazza (Óváros tér 4)* am Fuß des Burgbergs an.

Die Straße von Veszprém nach Tótvázsony führt durch eine sanfte Feld- und Wiesenlandschaft. Lohnend nach 5 km: ein Abstecher zum Dorf *Nemesvámos*. Hinter dem Ort liegt die interessante *Ausgrabungsstätte Caesariana*. Hier wurde die römische Villa Baláca freigelegt. Vom Lebensstil in der einstigen Siedlung zeugen u. a. Bodenmosaiken und Wandgemälde. Zurück zur Straße nach *Nagyvázsony (S. 29)*, das von der mächtigen Kinizsi-Burg überragt wird. Sehenswert sind auch die barocke evangelische Kirche aus dem 18. Jh. oberhalb der Burg und die alte Poststation, heute ein *Postmuseum (Temető utca 3)*. Westlich der Burg erreicht man nach etwa einer viertel Stunde Fußweg in einer romantischen Waldlandschaft die Ruinen des 1483 von Pál Kinizsi gestifteten *Paulinerklosters* und der *Paulinerkirche*.

Sie verlassen nun Nagyvázsony in südlicher Richtung (ausgeschildert: Zánka). Sie passieren etliche Dörfer, die ins wirtschaftliche Abseits gerieten und ums Überleben kämpfen. Die positive Seite dieser Notlage: Der Charakter der Dörfer blieb weit gehend erhalten. Nach 5 km ist *Mencshely* mit seiner 1791 umgebauten mittelalterlichen Kirche erreicht. Hier gabelt sich die Straße und führt in südöstlicher Richtung nach *Dörgicse (S. 29)*.

Das Dorf Dörgicse lädt zu einer ausgedehnten Wanderung ein. Am besten, Sie fahren nach Alsódörgicse hinunter und stellen dort den Wagen ab. Auf den etwa 3 km – über *Felsődörgicse* bis hinauf nach *Kisdörgicse* – erwarten Sie nicht nur drei Kirchruinen und drei Kirchen, sondern beschauliche stille Ortskerne, in denen sich Ruinen mit halb verfallenen, restaurierten und neu gebauten Häusern zu einem romantischen Ensemble verbinden. Wohlhabende Budapester gehörten zu den Ersten, die hier Häuser kauften und sie aufwändig restaurierten.

Über das nachfolgende Dorf Vászoly geht es weiter ins 100 m tiefer gelegene ◀🞂 *Pécsely*. Panoramablicke über Täler, Hügel, Kelterhäuser und Weinfelder begleiten Sie. Beginnen Sie Ihren Spaziergang durch Pécsely am Gasthof *Muntere Mönche* im ehemaligen Pfarrhaus an der Kurve der Hauptstraße *Fő utca*. Von Pécsely führt eine schmale Straße in südlicher Richtung durch herrliche Landschaft nach *Aszófő* und zur 71 an den Balaton. Lohnend ist ein kurzer Abstecher in westlicher Richtung nach *Örvényes* zur *Wassermühle (S. 37)* und zum kleinen Friedhof in *Balatonudvari (S. 37)*. Appetit? Dann liegt oberhalb von Balatonudvari die ausgezeichnete *Laci Pince Csárda (S. 38)*. Von dort sind es noch 15 km zurück zur Fährstation Tihany oder nach Balatonfüred.

2 DURCHS ZALA-TAL: NATUR, SCHLÖSSER UND EIN THERMALBAD

Auf dieser rund 90 km langen Tagestour durchs nordwestliche Hinterland des Plattensees laden eine Burg, Schlösser, Thermalbäder, eine Glasbläserei und sogar ein buddhistischer Stupa zu Besichtigungen ein. Von Keszthely geht es zunächst nordwärts nach Sümeg, von dort westwärts über Türje nach Zalabér und dann durchs Zala-Tal und über Hévíz zurück nach Keszthely.

Sanfte Hügel, Wiesen, Weinstöcke, Wälder: Die schöne Landschaft des Zala-Tals zog vor Jahrhunderten vor allem Adelsfamilien wie die Batthyány an. Heute ist die Region ein bevorzugtes Ziel für betuchte Ungarn und Ausländer, die sich dort Ferienhäuser errichten. In Keszthely folgen Sie der Ausschilderung Richtung Sümeg und fahren etwa 16 km bis *Zalaszántó*. Hinter dem Ort geht es links hoch zum *Stupa*: Das 30 m hohe buddhistische Heiligtum liegt im Park der Menschenrechte. Der halbkreisförmige, weiße Bau – der

Mittelalter pur: Die Burg von Sümeg lohnt einen Zwischenstopp

einzige Stupa in Ungarn – steht auf einem waldreichen Vulkankegel. Er wurde 1993 vom Dalai-Lama eingeweiht. Danach fahren Sie zurück zur Hauptstraße und weiter nach *Sümeg (S. 57)*. Dort lohnt die Besichtigung der Burg, des Burgmuseums und der Kirche.

Von Sümeg geht es durch die Orte Mihályfa und Szalapa nach *Türje*. In dem 2000-Ew.-Ort lohnt ein Blick in die Kirche mit Fresken des Wiener Barockmalers Stephan Dorffmeister. Etwas außerhalb (ausgeschildert) können Sie in der *Glasbläserei Hermann Crystal (Zsigmondháza 6, Mo–Fr 8 bis 16, Sa 8–12 Uhr)* zu günstigen Preisen hochwertige Gläser und andere Objekte kaufen.

Weiter geht es über Batyk nach Zalabér. Etwa 3 km hinter dem Ort liegt das *Thermalbad Zalaszentgrót*. Hier lohnt ein Badestopp. Wenn Sie mit Kindern unterwegs sind, ist jedoch das 15 km weiter gelegene Thermal- und Erlebnisbad Kehidakustány interessanter. Warum so viele Ortsnamen auf dieser Strecke mit Zala beginnen? Wegen des Flüsschens Zala, des wichtigsten Wasserspenders für den Balaton.

Zalaszentgrót (8000 Ew.), das Herz des Zala-Tals, hat einige Sehenswürdigkeiten im netten, kleinen Stadtzentrum. Direkt an der Zala in der Zala utca steht z. B. das spätbarocke *Schloss Batthyány*, heute ein Kinderheim. Unweit davon am Templom tér finden Sie die barocke römisch-katholische *Kirche*.

Auf der Hauptstraße, von der Sie nach Zalaszentgrót abgebogen sind, geht es über Zalakoppány weiter nach *Kehidakustány*. In dem kleinen Ort (1200 Ew.) zu beiden Seiten der Zala haben sich über 400 Österreicher, Deutsche und Schweizer niedergelassen. Das große *Thermal- und Erlebnisbad (Kossuth utca 60, Tel. 83/53 45 00, www.kehidatermal. hu)* mit 1500 m² Wasserfläche, Hotel und Restaurant liegt im Ortsteil Kehida, in den Sie hineinfahren.

Wer reiten oder angeln möchte, fährt 4 km weiter nach *Zalacsány*. Rechts an der Straße liegt das neobarocke *Schloss Batthyány,* heute ein Wellnesshotel *(Csány László út 24, Tel. 83/53 70 00, www.hotels.hu/batthyany_wellness, €€).* Zum Freizeitareal *Zalacsányer Angelsee* biegen Sie nach rechts Richtung Zalaegerszeg auf die Straße 76 ab. Für ein gemütliches Abendessen in einem schindelgedeckten Bauernhaus empfiehlt sich eine Rückkehr über Hévíz nach Keszthely, und zwar über *Felsőpáhok* (immer der Hévíz-Ausschilderung folgen). In Alsópáhok an der Kirche in der Ortsmitte links abbiegen. Etwa 200 m vor Hévíz liegt links die *Hűvösvölgyi Csárda (Tel. 83/34 42 32, €€)* mit guter ungarischer Küche.

3 DORFROMANTIK IM KÁLI-BECKEN

Diese Tour beginnt am Nordufer in Révfülöp. Vom Südufer aus können Sie mit der Fähre von Balatonboglár mit Fahrrädern nach Révfülöp übersetzen. Aber Achtung: Erkundigen Sie sich sicherheitshalber, wann die letzte Fähre zurück nach Balatonboglár ablegt, das ist in der Regel gegen 18 Uhr. Die 27 km lange Route führt von Révfülöp über Kővágóörs nach Kékkút, Salföld, Mindszentkálla, Szentbékkálla und Kőveskál wieder zurück nach Kovágóörs und Révfülöp. Planen Sie einen Tag.

Dieser Ausflug führt durch die zentrale Ebene des *Káli-Beckens (S. 58)* mit seinen sechs Dörfern. Auch wenn es über weite Strecken geruhsam zugeht – so einige Steigungen sind auf dieser Tour doch zu überwinden! Von *Révfülöp (S. 57)* aus fährt man ab der Ortsmitte 3 km nach Norden. Die kleine Straße führt durch Weinberge zum ersten Zielort, dem einst von Adligen bewohnten Dorf *Kővágóörs.* Die Kurien (Herrenhäuser) zeugen vom Wohlstand der früheren Besitzer, und die evangelische Kirche aus dem 13. Jh. ist reich an barocken Holzschnitzereien. Zu einer Pause lädt das rustikale Gasthaus *Káli Vendéglő (Jókai út 48, Tel. 87/46 30 16)* ein. Ein feines restauriertes Kurienhaus ist das *Pálos-Kúria (4 Zi., Vörösmarty utca 11, Tel. 87/70 79 97, Fax 70 70 57, www.kali.hu/szallas/palos, €).* Von Kővágóörs aus geht es in westlicher Richtung auf ebenen 3,5 km zu dem winzigen Ort *Kékkút* mit nicht einmal 100 Ew. Bekannt ist er vor allem wegen des Theodora-Mineralwassers, das überall im Land getrunken wird. Am Ende der Fő utca befindet sich das reetgedeckte *Egyed-Haus (Di–So 10–18 Uhr)* von 1799, ein kleines Heimatmuseum. Dort beginnt ein Feldweg, der zu einer Asphaltstraße führt. Nach links geht es 3 km nach Salföld, vorbei an einem Baggersee, in dem Sie baden können.

Warum das von Künstlern wiederbelebte *Salföld* als schönstes Dorf im Káli-Becken gerühmt wird, zeigen schon die ersten Häuser. Am Ende der Hauptstraße Kossuth Lajos utca lohnen die Besichtigung der Kirche und ein Stopp bei der benachbarten *Naturschutzmeierei (Salföld major),* die auch Kutschfahrten und Ausritte in die Umgebung anbietet. In dem kleinen Shop am Eingang gibt es Infomaterial zum Káli-Becken. Zwei Abstecher lohnen: Der Weg zum *Steinernen Meer (Kőtenger)* biegt im Ort in südöstlicher Richtung ab; der Weg zur Klosterruine liegt in südwestlicher Verlängerung der Kossuth Lajos utca Richtung

Vielleicht begegnen Sie ihnen: Reiter in traditioneller Kleidung

Friedhof. Vom gotischen Kloster der Paulaner aus dem 14. Jh. sind u. a. noch der Triumphbogen des Kirchenschiffs und der Kreuzgang zu sehen.

Um zum nächsten Ziel, nach Mindszentkálla, zu gelangen, fährt man zurück Richtung Kékkút und lässt den Ort rechts liegen. Auf der Straße, auf die man bei Kékkút stößt, nach links und dann nach rechts Richtung Norden abbiegen. Der seit Jahrhunderten bekannte Weinort *Mindszentkálla* am Fuß des Kopaszhegy (Kahler Hügel) zieht sich – im Westen flankiert von vulkanischen Hügeln – zur römisch-katholischen Kirche hinauf und entlang der Petőfi Sándor utca. Am nördlichen Ortsausgang geht es beim Friedhof rechts nach *Szentbékkálla* mit seiner markanten spitztürmigen Kirche. Bei Szentbékkálla sind noch 2 km des *Steinernen Meeres (Kőtenger)* in recht ursprünglichem Zustand erhalten (der Weg ist ausgeschildert).

Wer einen Panoramablick genießen möchte: In der Nähe der Kraterseen am *Fekete-hegy* (nordwest-

lich von Szentbékkálla) steht ein  *Aussichtsturm (kilátó),* von dem der Blick bis zum Balaton reicht. Um nach *Köveskál* zu gelangen, geht es zurück zum Ortseingang von Szentbékkálla. Dort nach links und dann durch die Rechtskurve nach Süden fahren. In den kleinen Gassen von Köveskál scheint die Zeit im 18./19. Jh. stehen geblieben zu sein. Der mächtigste, alles überragende Bau des einst kleinadeligen Dorfes ist die reformierte Kirche. Schöne Herrenhäuser liegen an der Hauptstraße. Wie das Dorf erhalten und beleben? Das ist eine Frage, die in Köveskál wie in anderen ungarischen Dörfern lebhaft diskutiert wird.

Das Káli-Becken eignet sich auch hervorragend für mehrtägige Wander- und Radtouren. Eine Beschreibung verschiedener Routen bietet die Broschüre *Das Káli-Becken.* Sie erhalten sie bei der *Naturschutzmeierei in Salföld* oder bei der *Zentrale des Nationalparks Balaton-Oberland in Csopak (Kossuth utca 16, Tel. 87/55 52 65, Fax 55 52 61, www.bfnpi.hu).*

97

Vom Angeln bis zum Drachenfliegen

Unternehmungslustige finden am Balaton ein reiches Angebot. Aktivitäten am und im Wasser bilden naturgemäß den Schwerpunkt

Ob Segeln oder Windsurfen, Actionsport, Ballonfliegen oder Bobfahren: Sport wird am Balaton groß geschrieben. Das einzige Handicap: Sie finden nicht jedes Angebot in jedem Urlaubsort. Damit Sie nicht lange suchen müssen, wo Sie Ihren Sport ausüben oder einen neuen kennen lernen können, finden Sie hier ein paar Tipps und Adressen.

ANGELN

Angeln, das zeigt bereits ein kurzer Spaziergang am Seeufer, ist die Leidenschaft vieler Urlauber. Als gute Angelreviere gelten auch die zahlreichen Seen nahe dem Südufer des Balaton. Dort sind die Fische zumeist kleiner, aber es geht einem öfter mal einer an die Angel.

Für das Fischen in öffentlichen Gewässern benötigen Sie einen Angelschein. Sie bekommen die erforderlichen Papiere in Angelgeschäften. Informationen in den Tourinform-Büros oder in Anglergeschäften. Angelausrüster in Siófok: *Mecseki Horgászbolt, Vásárcsarnok par-*

Surfbretter können Sie in den meisten Orten am Balaton mieten

kolója (am Parkplatz bei der Markthalle am Sió-Kanal).

BUNGEEJUMPING

Über dem Balaton können sich Mutige in die Tiefe stürzen. *Siófok, Coca Cola Beach House am Petőfi-Strand, 6000 Forint, Tandemsprung 10 000 Forint*

DRACHENFLIEGEN & FALLSCHIRMSPRINGEN

Flugsportfans können per Flugzeug, Helikopter oder Drachenflieger in die Luft gehen. Drachenfliegen und Rundflüge: *BE-SZI Top, Zalakaros-Flugplatz (Richtung Zalakomár), Tel. 20/938 36 58, www.beszitop.hu, Rundflug ab 15 Euro/Pers., ganztägige Pusztatour mit Programm 140 Euro/Pers.* Rund um den Balaton sind im Sommer kleine Flugfelder zu finden. Dort bieten Drachenflieger Flüge an.

MOUNTAINBIKING

Für Mountainbiker ist das Hinterland des Plattensees ein ideales Revier. Mountainbikes verleiht die *Hifly-Windsurfschule (Tel. 84/*

Wer reiten will, findet rings um den Plattensee viele Gelegenheiten

34 89 48, www.windsurfschule.hu, *Zwei-Stunden-Tour mit Führer etwa 3000 Forint)* am Strand von Vonyarcvashegy. Sie veranstaltet auch halb- oder eintägige Mountainbiketouren.

RADTOUREN

Der Balaton-Radwanderweg führt um den ganzen See herum und ist auf mehr als 200 km durchgehend befahrbar. Orientierung für Touren am See und im Hinterland des Balaton bietet die Karte »Radtouren in Ungarn«, zu beziehen über die ungarischen Tourismusämter.

REITEN & REITERSHOWS

Die Qualitätsstandards sind unterschiedlich: Die Angebote reichen von einfachen Ställen über Reiterpensionen bis zu größeren Anwesen mit Reithalle. Am Nordufer liegt hoch über Balatonalmádi der attraktive Reitclub *Aramis (Mátyás király utca 60)*. In Balatonlelle finden Sie südlich der Straße 7 bei km 132 die Anlage *Rádpuszta-Pferdezentrum (Tel. 20/339 43 83)*. Sie ist eine der schönsten Reiteranlagen

am Balaton. Es gibt auch Ponys für Kinder, Kutschfahrten und verschiedene Programme, dazu Pensionszimmer und ein Restaurant auf dem Gelände. In Siófok in der pittoresken Szántódpuszta bietet *Bálint 2001* Ausritte für Reiter. Anfänger können an der Longe oder in der Koppel reiten, im Juli und August auch Pferdeshows. Tollkühne Reiter und farbenfrohe Folklore gibts von Juni bis September in der Arena der *Freilichtbühne Zalacsány (an der Straße 76, mehrmals wöchentlich gegen 17.30/19 Uhr; www.zalacsany.info.hu)*. Reiten und Shows in der *Naturschutzmeierei Salföld (Salföld major)* 6 km vom Nordufer bei Ábrahámhegy: *Csikós-Puszta-Show Mai, Juni, Sept. Sa 15 Uhr; Juli/Aug. Di, Mi, Do, Sa 18 Uhr; 2600 Forint, Tel. 87/70 28 57, www.kali.hu/salfoldmajor*

SEGELN & YACHTCHARTER

Segeln ist der traditionsreichste Sport am Plattensee. In den Häfen erwartet Segler ein professionelles Serviceangebot.

Wer ein Boot chartern will, muss in der Regel Erfahrung (zwei

Jahre Segelschein) haben, sonst mit Skipper. Yachtcharter, Yachtausflüge mit Skipper und Segelunterricht bieten *Sail & Surf (im Hotel Club Tihany, Rév utca 3, Tel. 30/ 227 89 27)* auf der Halbinsel Tihany und in Balatonkenese *Kenese Marina Port (Kikötő utca 2-4, Tel./ Fax 88/49 23 69, www.yacht.hu)* sowie in Balatonfüred *VÖWS Windsurf- und Segelschule (Tel. 30/ 407 94 43, www.videotunes.hu/fu redsurf)*. Ganz neu ist die *Marina von Balatonfűzfő (Sirály sétány 1, Tel. 88/57 45 00, Fax 57 45 01)* mit Segelschule und Hafenrestaurant.

Die *Balaton Schifffahrts AG (www.balatonihajozas.hu)* betreibt neben den zahlreichen Linienschiffen, die 22 Balatonorte verbinden, und der Autofähre zwischen Südufer und Tihany 25 Segelhäfen und bietet außerdem Ausflugsprogramme per Schiff.

TENNIS- & SPORTZENTREN

Größere Tennisanlagen sind noch selten. Kleinere mit ein oder zwei Plätzen aber gibt es reichlich. In der Regel können Sie Hoteltennisplätze auch buchen, wenn Sie nicht Gast des Hauses sind. In Siófok finden Sie das *Városi Sportzentrum (Küszhegyi út, Tel. 84/31 45 23)* mit acht Tennisplätzen, Tennisschule und Streetball. In Balatonszárszó ist der **Insider Tipp** *Sport Club (Mikszáth Kálmán utca 1, Tel. 84/36 36 24)* am Balaton-Ufer mit drei Plätzen zu empfehlen.

WASSERSKI

Motorboote sind am Balaton verboten. Dennoch müssen Wasserskifans auf ihr Hobby nicht verzichten, denn es gibt drei elektrische Anlagen: Siófok: *Pentasí, Siófok-Szabadi-fürdő, Vízisí pálya (in östlicher Richtung links der Szent László utca), 2 Runden 850 Forint, Mai–Mitte Sept. tgl. 8–20 Uhr;* Balatonfüred: *Füred Camping, Széchenyi utca 24, tgl. 8–20 Uhr, Tel. 20/352 26 50 (3 Runden 1000 Forint);* Vonyarcvashegy: *Vízisí Wasserki, an der Ostseite des großen Strandes*

WIND- & KITESURFEN

Der gesamte See ist ein gutes Surfrevier. Besondere Herausforderungen bietet er nicht, denn zumeist ist der Wind mäßig und das Wasser recht ruhig, doch für Surfer ohne Extremsportambitionen und vor allem für Anfänger bietet er gute Voraussetzungen für Spaß auf dem Wasser. Gute Treffpunkte für Surfer (auch Surfschulen, Kinderkurse) sind z. B. in Vonyarcvashegy die Windsurfschule *Vonyarcvashegy Strand (Tel./Fax 83/34 89 48, www.windsurfschule.hu),* in Balatonlelle *Móló (Tel./Fax 85/ 32 72 58)* an der Mole und auf der Halbinsel Tihany *Sail & Surf (Rév utca 3, Tel. 30/227 89 27)* im Hotel Club Tihany. Kitesurfen in Balatonfüred: *VÖWS-Schule im Camping Füred.* In Balatonfenyves bietet die *Wind-und-Kite-Surfing-Schule (Tel./ Fax 20/946 75 15, www.surfen.hu)* auch komplette Sportwochen an, Anfänger können den VÖWS-Grundschein erwerben. Die Schule liegt am westlichen Ende des Freistrandes (der Straße Ipoly utca folgen). In den meisten Windsurfschulen können auch andere Wassersportgeräte wie Tretboote oder Elektrojetskis für Kinder ausgeliehen werden.

Der Nachwuchs ist hier wirklich gern gesehen

Rund um den Balaton finden Sie Orte mit Angeboten für die Jüngsten

Die ungarischen Gastgeber haben ein Herz für ihre kleinen Gäste. Und was an moderner Ausstattung fehlt, wird durch Hilfsbereitschaft und Improvisationsgeschick wettgemacht. Notwendiges wie Stühle für Kleinkinder stellen die meisten Restaurants zur Verfügung. Wickelräume hingegen sind noch rar, doch bei Bedarf bemüht man sich gerne, einen Platz für Mutter und Kind zu finden. Scheuen Sie sich nicht, danach zu fragen. Sehr entlastend für Eltern ist die Bereitschaft der Ungarn, Kindern den Raum zu lassen, den sie brauchen. So gibt es in vielen Restaurants Spielecken, oder die Kinder können herumlaufen und Gelände und Garten erkunden.

NORDOSTUFER

Annagora Aquapark Balatonfüred [122 B3–4]
Ein Hit bei Klein und Groß. Einige der Attraktionen: Kamikaze- und Turborutsche, Kinderwellenbad,

Theoretisch ließe sich so sogar die Urlaubskasse aufbessern

Wildwasserfluss. *Fürdő utca 35, tgl. 9–19 Uhr, 4000 Forint, Kinder ab 140 cm 2500 Forint*

Bobbahn Balatonfűzfő [122 C2]
800 m lang ist die neue, ganzjährig geöffnete Bobbahn in Balatonfűzfő am nordöstlichen Ufer des Balaton. Der Bob gleitet auf Schienen einen Hang hinunter. *Uszoda utca 2 (gegenüber der Schwimmhalle), tgl. 10 Uhr bis Einbruch der Dunkelheit, 350 Forint, Kinder 320 Forint pro Fahrt, www.balatonibob.hu*

Streichelzoo Balatonakali [122 A4]
In der *Mandula csárda* haben die Jüngsten reichlich Abwechslung: Der Streichelzoo mit den zahlreichen Haustieren ist ein Magnet. *Mandula Csárda in Balatonakali, an der Landstraße 71 (Fő út), Tel. 87/ 44 40 44, www.mandulacsarda.hu*

NORDWESTUFER

Afrika-Museum Balatonederics [121 D5]
Kamele am Balaton, auf denen die Kinder auch noch reiten dürfen?

Kontakt zu Tieren erfreut jedes Kinderherz: Büffelreservat Magyaród

Diese exotischen Tiere sind nicht die einzige Attraktion auf dem großen Gelände des Afrika-Museums, ein Ausflug wie zu einem fernen Kontinent. Es gibt viel Exotisches zu bestaunen, man kann Pony reiten oder sich auf Hüpfburgen austoben. *Kültelek 11 (an der Landstraße 71), April tgl. 9–17, Mai–Sept. 9 bis 18, Okt. 9–16 Uhr, 600 Forint, Kinder 400 Forint*

Aquacity-Erlebnispark Zalaegerszeg [O]

Der Aquacity-Erlebnispark in Zalaegerszeg (ca. 40 km westlich von Keszthely) hat 6000 m² Wasserfläche, acht große Pools und bietet Wasserspaß in tollen Variationen. Zum Angebot gehören neben diversen Rutschen (bis 12 m hoch und 120 m lang) auch der 300 m lange »Langsame Fluss«, Wellenbad, Sprungpool, Baby- und Kinderpool. *Gébárti tó (beim Thermalbad), Mit-*

te Juni–Okt. Mo–Fr 8–19, Sa/So 10 bis 20 Uhr, Tageskarte 3800 Forint, Familientageskarte 8900 Forint, www.aquacity.hu

Diás-Beach Gyenesdiás [120 C6]

Nicht nur dank zweier Beachvolleyballplätze ist der Diás-Beach einer der beliebtesten Strände am Balaton. Animation und jede Menge Sport: Strandfußball (im Sommer an jedem Wochenende Strandmeisterschaften), Wasserball, Wasserski, Surfen und vieles mehr.

Naturschutzmeierei Salföld (Salföld major) [121 E5]

Auf dem großen Gelände der Naturschutzmeierei in Salföld im Káli-Becken hegt man alte ungarische Rassen wie Graurinder, Rackaschafe, Komondor-Hirtenhunde oder Mangalitzaschweine. Es werden auch Ausritte und Kutschfahrten angeboten. *Tgl. 9–18 Uhr, 450 Forint, Kinder 150 Forint*

Puppenmuseum und Panoptikum Keszthely [120 C5–6]

Hier bekommen Sie gleich vier Attraktionen geboten: ein Volkstrachten-Puppenmuseum mit 730 Porzellanpuppen, das Schneckenparlament – ein Nachbau des Parlaments von Budapest – aus 4,5 Mio. Schneckenhäuschen, 50 Wachsfiguren und ein Foltermuseum. *Bakacs/Ecke Kossuth Lajos utca 11, tgl. 10–17 Uhr, 300 Forint, Kinder 200 Forint*

SÜDOSTUFER

Balaton-Aquarium Szántódpuszta [122 B5]

Was schwimmt denn so im Balaton? Im Aquarium in Szántódpuszta lernen Kinder einiges über die Fische im See und können in den Becken viele große und kleine Exemplare bestaunen, u. a. recht kapitale Welse und Zander. *An der Landstraße 71 zwischen Siófok und Zamárdi, Mitte April–Mitte Okt. tgl. 8.30–17 (Juli/Aug. bis 19) Uhr, 500 Forint, Kinder 300 Forint*

Extremsportpark Siófok [122–123 C–D4]

Jede Menge Action und Fun. Für Kinder gibt es Autoskooter, Kletterwand, Kinderquad und vieles mehr. Für Ältere im Angebot: Paintball, ein Actionpfad, Quadring und Quadtour, Land-Wasser-Hindernisbahn, 3-D-Rad und 360-Grad-Schaukel. *Ausgeschildert als Paintball Centrum an der Straße 65 kurz hinter Siófok-Kiliti, Mitte April bis Mitte Okt. tgl. 8–20 Uhr, Paintball 2 Std. 3500 Forint inkl. Ausrüstung*

Galerius Bad Siófok [122–123 C–D4]

Das neue Hallenbad ist auch für Kinder interessant. Auf sie warten z. B. eine Rutsche und Kindererlebnisbecken. *Szent László utca 183, 2 Std. 1600 Forint, Kinder 1000 Forint, ganzjährig, tgl. 10–22 Uhr, www.galerius-furdo.hu*

Gokartbahn Siófok [122–123 C–D4]

400 m lang und 6 m breit ist die Gokartbahn in Siófok. Gefahren wird mit den französischen Gokarts Sodikart. *Am Ortsausgang Richtung Budapest an der Straße 7, tgl. 10 bis 22 Uhr, 10 Min. 2500 Forint*

SÜDWESTUFER

Csillagvár (Sternenburg) Balatonszentgyörgy [124 C1]

Eine bunte Erlebniswelt: In der achteckigen Burg lebt das Mittelalter wieder auf, es gibt 150 Husaren zu sehen. Außerdem: ein Streichelzoo, Bogenschießen und eine Csárda. *In Balatonszentgyörgy ausgeschildert, Mai–Okt. tgl. 10–17 Uhr, 300 Forint, Kinder 200 Forint*

Kápolnapusztai Bivály-rezervátum (Büffelreservat Magyaród) [124 B2]

Insider Tipp

Wasserbüffel in freier Natur, sogar zum Anfassen nah – das ist ein besonderes Erlebnis für Kinder. Im *Bivály-Reservat Magyaród* kommt man sich im ersten Moment ein wenig wie in Asien vor. Aber diese Büffel waren früher tatsächlich in Ungarn heimisch. *Kápolnapuszta (zwischen Zalakomár und Balatonmagyaród), tgl. 9 Uhr–Sonnenuntergang, 500 Forint, Kinder 200 Forint*

Angesagt!

**Was Sie wissen sollten über Trends,
die Szene und Kuriositäten am Plattensee**

Superminis
Egal, was die Modedesigner ansagen: Die Girls am Balaton stehen auf superkurze Miniröcke und bauchfreie Tops. Leicht zu beeindrucken sind sie allerdings nicht. Sie pfeifen auf die Anmache der männlichen Touristen. Wer Eindruck machen möchte, muss schon mit besten Manieren überzeugen.

Folkloreflirts
Folklore finden viele junge Ungarn cool. Bei Boys beliebt ist der Brauch, Mädchen zu Ostern mit Parfüm zu besprühen. Da ziehen die Jungs zu den Girls ihrer Wahl und wünschen ihnen mit dem Besprühen, dass sie erblühen mögen wie eine Blume. Eindruck macht, wer sich mit einem tollen Gedicht als Poet erweist.

Rock made in Ungarn
Sie heißen *Anima Sound System, Hiperkarma, Emil Rulez* oder *Yonderboi* – und sind die absoluten Szenehits. Diese angesagten ungarischen Bands bieten außer Rock und Trance auch einen eigenen Folkloresound.

Partytime in Siófok
Das Nachtprogramm beginnt an der Petőfi sétány, wo sich Kneipe an Kneipe reiht. Bis Mitternacht ist erst mal Strandparty am Coca-Cola-Beach-House, dann zieht die Partykarawane weiter in den *Renegade Pub (Petőfi sétány 3, www.renegadeworld.hu)* und ins *Big Shots (Fő utca 43, Eingang Mártirok útja).*

Topdiskos
Der Diskohit am Nordufer ist der *Dexion-Dance Club* in *Alsóörs (Sirály park)* direkt am Strand. Hier schwört man auf Funk. Am Südufer geht man in das postmoderne *Palace (Ezüstpart, Deák Ferenc utca 2, www.palace. hu)* in *Siófok,* wo im Sommer bekannte DJs gastieren. Wer auf sich hält, kommt natürlich nicht vor Mitternacht.

Von Anreise bis Zoll

Hier finden Sie kurz gefasst die wichtigsten Adressen und Informationen für Ihre Reise an den Plattensee

ANREISE

Auto

Die meisten Autourlauber reisen über Wien zum Grenzübergang Nickelsdorf an. Von dort auf der M 1 bis Győr und dann über die Landstraße 82 zum Balaton. Wer ein Ziel am westlichen Ufer ansteuert, fährt über Eisenstadt (A 3) zum Grenzübergang Mattersburg bei Sopron (Ödenburg) und weiterr über die Landstraße 84. Entfernung Frankfurt–Balaton ca. 1100 km. Die neue Autobahn am Südufer entlastet die Seeorte und erspart Balaton-Urlaubern einiges an Zeit. Sie zu befahren ist zudem ein Vergnügen, denn sie führt durch eine schöne Hügellandschaft und bietet viele Ausblicke auf den See. Zum neuen Balaton-Wahrzeichen (von der Fährstation der Halbinsel Tihany gut zu sehen) könnte die imposante Autobahnbrücke bei Kőröshegy werden.

Bahn

Der internationale Bahnverkehr geht über den Budapester Ostbahnhof Keleti pályaudvar. Die meisten Züge zu den Balaton-Orten fahren ab dem Südbahnhof (Déli pályaudvar). Auskunft in Ungarn zu internationalen Zügen *Tel. 1 / 461 55 00*, zu inländischen *Tel. 1 / 461 54 00*, *www.mav.hu*

Bus

Von zahlreichen deutschen Großstädten aus fährt z. B. die Deutsche Touring im Sommer nach Siófok *(Tel. 069 / 79 03 55, www.deutsche-touring.com).* Ganzjährig fährt Pannon Volán *(Tel. 06122 / 912 40, www.sippeltravel.de)* von Frankfurt am Main nach Hévíz, einfach etwa 72 Euro.

Flugzeug

Linienflüge gibt es ganzjährig nur über den Budapester Flughafen Ferihegy. Der Balaton Airport bei Keszthely wird vor allem während der Saison angeflogen, z. B. von Malév und Lufthansa im Rahmen von Charterflügen von Bremen, Berlin, Dortmund, Leipzig, Dresden, Stuttgart. Flugplan: *www.flybalaton.com*

AUSKUNFT

Ungarisches Tourismusamt

– Infos rund um die Uhr unter Tel. 0900 / 186 42 76 (0,61 Euro / Min.)
– im Internet: www.ungarn-tourismus.de
– 10117 Berlin, Wilhelmistr. 6, Tel. 030 / 243 14 60, Fax 24 31 46 13, www.ungarn-tourismus.de
– 60313 Frankfurt, An der Hauptwache 11, Tel. 069 / 928 84 60, Fax 92 88 46 13

– 1010 Wien, Opernring 1, Tel.
0900/22 00 13 (0,61 Euro/Min.),
Fax 585 20 12 15, ungarninfo@un
garn-tourismus.at

**Ungarisches Tourismusamt
Schweiz c/o Piroska Ungarn-
Spezialitäten**
*nur postalisch: 8032 Zürich, Hegi-
bachplatz/Minervastrasse 149, www.
ungarn-tourismus.ch*

€	HUF	HUF	€
1	269	100	0,37
2	538	125	0,46
3	807	200	0,74
4	1077	250	0,93
5	1346	300	1,11
6	1615	400	1,49
7	1884	500	1,86
8	2153	700	2,60
9	2422	900	3,34

AUTO

Die ungarischen Verkehrsregeln ent-
sprechen weit gehend denen in den
anderen europäischen Staaten. Es
besteht allerdings absolutes Alko-
holverbot. Außerhalb von Ortschaften ist auch tagsüber Abblendlicht
vorgeschrieben. Bahnübergänge dürfen nur mit Tempo 30 überquert werden. Für PKW beträgt die Höchst-
geschwindigkeit in Ortschaften 50,
auf Landstraßen 90 und auf Autobahnen 130 km/h.

Alle Autobahnen sind vignetten-
pflichtig. Der Preis richtet sich nach
der Gültigkeitsdauer und der Fahr-
zeugklasse. So kostet z. B. eine PKW-
Vier-Tage-Vignette 1600 Forint.

Pannenhilfe: *Pannendienst ADAC,
ÖAMTC: Tel. 1/345 17 17*

BANKEN & GELD

Das Zahlungsmittel in Ungarn ist bis
zum geplanten Beitritt zur Eurozone
der Forint (HUF). Das größte Ban-
kenfilialnetz hat die Landessparkasse
*OTP Országos Takarékpénztár (in
der Regel Mo–Do 8–17, Fr 8–13 Uhr).*
Geldautomaten sind in allen größeren Orten vorhanden. Kreditkarten
werden in Hotels und zunehmend
auch in Restaurants und Geschäften
akzeptiert.

CAMPING

Wild campen ist verboten. Die Campingplätze in Ungarn sind in drei
Kategorien eingeteilt und entsprechend mit Sternen bewertet. Eine
Broschüre mit den vom ADAC be-
noteten Plätzen gibt es bei den ungarischen Tourismusämtern. Der
Preis pro Tag liegt in der Hauptsaison bei etwa 8 Euro pro Erwachse-
nen und etwa 17–20 Euro für eine
größere (100 m^2) Parzelle. Öffnungszeiten meist von Mai bis Anfang oder Mitte September. Auskunft: *Magyar Camping Club, Kö-
virózsa utca 10/3, 2030 Érd, Tel.
23/37 41 00, www.camping.hu*

DIPLOMATISCHE VERTRETUNGEN

**Botschaft und Konsulat der
Bundesrepublik Deutschland**
*Budapest, Uri utca 64–66, Tel.1/
488 35 00, Fax 488 35 05, Notruf-
nummer 30/924 17 67, www.deut
schebotschaft-budapest.hu*

**Botschaft und Konsulat
der Republik Österreich**
*Budapest, Benczúr utca 16, Tel. 1/
351 67 00, Fax 352 87 95, www.aus
trian-embassy.hu*

Botschaft und Konsulat der Schweiz

Budapest, Stefánia út 107, Tel. 1/ 460 70 40, Fax 384 94 92, vertre tung@bud.rep.admin.ch

GESUNDHEIT

Erste Hilfe ist für Ausländer kostenlos. Was vor der Reise zu regeln ist, sagt Ihnen Ihre Krankenkasse.

EINREISE

Für einen Aufenthalt von maximal drei Monaten benötigen Deutsche, Österreicher und Schweizer einen Personalausweis oder Reisepass.

EINTRITTSPREISE

Die meisten Museen und Sehenswürdigkeiten am Balaton sind recht klein und haben bescheidene Eintrittspreise. Sie liegen bei 0,70 bis 1,50 Euro, Kinder meist die Hälfte. Strandbäder kosten um 1 Euro. Recht teuer sind moderne Aquaparks: bis 15 Euro für Erwachsene und 10 Euro für Kinder.

INTERNET

Allgemeine Informationen: *www.un garn-tourismus.de* und *www.ungarn-tourismus.at*, Infos zum Balaton: *www.bis.hu*. Nahezu alle Balaton-Orte sind nach dem Schema *www. ortsname.hu* zu erreichen, größtenteils auch auf Deutsch. *www.travel port.hu* ist das Forum für den Ungarntourismus. Dazu gehören die Hotel- und Restaurantführer *www.ho tels.hu* und *www.restaurantguide.hu*.

INTERNETCAFÉS

– Balatonalmádi: Café Piazza (beim Tourinform-Büro), Városháza tér 1

www.marcopolo.de

Im Internet auf Reisen gehen

Mit über 10 000 Tipps zu den beliebtesten Reisezielen ist MARCO POLO auch im Internet vertreten. Sie wollen nach Paris, auf die Kanaren oder ins australische Outback? Per Mausklick erfahren Sie unter www.marcopolo.de Wissenswertes über Ihr Reiseziel. Zusätzlich zu den Informationen aus den Reiseführern bieten wir Ihnen online:

- das *Reise Journal* mit aktuellen News, Artikeln, Reportagen
- den *Reise Service* mit Routenplaner, Währungsrechner und Compact Guides
- den *Reise Markt* mit Angeboten unserer Partner rund um das Thema Urlaub

Es lohnt sich vorbeizuschauen: Wöchentlich aktualisiert, gibt es immer wieder Neues zu entdecken. Bleiben Sie auf dem Laufenden mit unserem E-Mail-Newsletter, den Sie kostenlos abonnieren können!

– *Balatonfüred: Óvárosi, Kossuth Lajos utca 31*
– *Keszthely: Stone's Cybercafé, Bem József utca*
– *Siófok: Bázis Net-Café, Árpád utca 1 (bei McDonald's), www.baziscafe. hu*

KLIMA & REISEZEIT

Mit Sonnenschein von über 2000 Stunden im Jahr hält der Plattensee einen Spitzenplatz in Mitteleuropa. Der Wind ist überwiegend schwach, und es fällt wenig Niederschlag. Die Plattenseeregion profitiert zudem von mediterranen Einflüssen. Die offizielle Saison beginnt Pfingsten und endet Mitte September. Einige Hotels und Restaurants schließen jedoch nicht. Das gilt vor allem für Orte mit Thermalbädern und Kurbetrieb wie z. B. Hévíz sowie für Städte wie Siófok und Keszthely.

KURTAXE

Plattenseeurlauber über 18 Jahre müssen pro Tag eine Kurtaxe von ca. 1–2 Euro entrichten. Die Höhe variiert von Ort zu Ort.

MIETWAGEN

Mietwagenunternehmen gibt es in den größeren Orten. Preisbeispiel: ab ca. 40 Euro pro Tag für einen Kleinwagen (alles inklusive) bei *Fox Autorent (Tel. 1/382 90 00, Fax 382 90 03, www.fox-autorent.com)*. Angebote für Mietwagen finden Sie z. B. unter *www.marcopolo.de*.

NOTRUF

Feuerwehr *(tűzoltók):* Tel. *105*
Rettungsdienst *(mentők):* Tel. *104*

Polizei *(rendőrség):* Tel. *107*
Pannendienst *(Magyar Autóklub):* Tel. *188*

ÖFFENTLICHE VERKEHRSMITTEL

Alle Orte am Balaton außer Tihany, das nicht ans Bahnnetz angeschlossen ist, sind durch die Bahn miteinander verbunden. Passagierschiffe laufen 22 Häfen an. Eine Autofähre zwischen Szántódrév bei Siófok und Tihany verbindet Nord- und Südufer und erspart so die Umrundung des halben Sees.

ÖFFNUNGSZEITEN

Auf Angaben zu Öffnungszeiten ist leider nur bedingt Verlass. Im Juli und August sind touristische Einrichtungen und auch Supermärkte zumeist über die normalen Öffnungszeiten hinaus tätig. Außerhalb der Hauptsaison gilt: Ist kaum Betrieb, wird geschlossen oder gar nicht erst geöffnet. Restaurants schließen in der Regel zwischen 22 und 23 Uhr.

POST

Postämter sind Mo–Fr von 8 bis 18 Uhr geöffnet, Sa von 8 bis 13 Uhr. Das Porto für eine Karte ins Ausland beträgt 130 Forint, nach Österreich 30 Forint, für einen Brief bis 20 g 180 (44) Forint.

PRIVATUNTERKÜNFTE

Es gibt zahlreiche neue, gut ausgestattete Apartments und Häuser zu mieten. Die Preise dafür liegen in der Saison bei ca. 20 Euro pro Person. Ein großes Angebot guter Ferienhäuser hat *Novasol (Tel. 84/ 50 66 22, Fax 50 66 21, www.nova sol.de).*

STROM

Die Netzspannung in Ungarn beträgt 220 Volt Wechselstrom.

STURMWARNUNG

Während der Sommersaison ist ein Sturmwarnungsdienst des Meteorologischen Instituts Siófok in Betrieb. Bei Gefahr senden die rund um den See stehenden Stationen Blinklichtsignale. Die erste Warnstufe: Es blinkt 45-mal pro Minute. Bei der höchsten Warnstufe blinkt es 90-mal pro Minute. Die Warnungen kündigen schwere Windstärken an. Wer im oder auf dem Wasser ist, sollte sich sofort in Sicherheit bringen.

TELEFON & HANDY

Telefonkarten bekommen Sie bei der Post, an Kiosken und in Tabakläden. Telefonnummern in Ungarn haben eine Vorwahl. Bei Ortsgesprächen entfällt diese Vorwahl, bei Ferngesprächen innerhalb Ungarns müssen Sie ihr 06 voranstellen (z. B. Siófok: 0684), bei Gesprächen aus dem Ausland die ungarische Landesvorwahl 0036 (z. B. Tihany: 0036/87).

Bei ungarischen Handynummern – sie haben in der Regel 20, 30 oder 70 als Vorwahl – müssen Sie auch bei Ortsgesprächen die 06 mitwählen. Bei einem Auslandsgespräch zunächst 00 wählen, den Dauerton (Freizeichen) abwarten, dann die Landesvorwahl (Deutschland 49, Österreich 43, Schweiz 41), dann die Ortsvorwahl ohne Null und die Nummer.

Was kostet wie viel?

Cappuccino	**1 Euro** für eine Tasse
Mitbringsel	**1,60 Euro** für 100 g ungarische Pick-Salami
Wein	**75 Cent** für ein Glas Wein (0,2 l)
Eisbecher	**1,20 Euro** für ein Eis mit Früchten
Tretboot	**1,60 Euro** Miete für eine Stunde
Benzin	**1,15 Euro** für einen Liter Super bleifrei

Per Handy sind Sie auch in Ungarn gut erreichbar. Sie können zwischen Vodafone, Pannon GSM und Westel 900 wählen. Informieren Sie sich über die Roamingpreise bei Ihrem Provider.

TRINKGELD

In der Gastronomie ist ein Trinkgeld in Höhe von rund zehn Prozent des Rechnungsbetrages üblich. Auch Taxifahrer, Frisöre oder die Servicekraft an der Tankstelle bekommen ein Trinkgeld.

VERGÜNSTIGUNGEN & RABATTCARDS

In Keszthely und Balatonfüred bekommen Sie kostenlose Cards (*Keszthely Card* bzw. *Füred Kártya*) mit zahlreichen Vergünstigungen, wenn Sie Ihren Urlaub in einer registrierten Unterkunft im betreffenden Ort gebucht haben.

Die *Balaton Card* bekommen Sie online unter *www.balatoncard.com*. Ansonsten ist sie in den Tourinform-Büros bzw. an größeren Bahnhöfen erhältlich. Preis: 1600 Forint, Familienkarte 2200 Forint. Dazu gibt es 4-Tage-Karten (Voucherhefte, 6000 Forint) und 10-Tage-Karten (Voucherhefte, 10 000 Forint). Es ist jedoch ratsam, sehr genau zu prüfen, ob das jeweilige Angebot für Sie sinnvoll ist – oft wiegt die Ersparnis am Ende den Preis der Karte nicht auf oder nur dann, wenn Sie sehr viel unternehmen.

WASSERQUALITÄT

Die Wasserqualität des Plattensees wird regelmäßig von unabhängigen Stellen kontrolliert und wird in der Regel trotz der geringen Tiefe des Sees als »sehr gut« bewertet.

ZEITUNGEN

Informationen und einen Veranstaltungskalender bietet die regionale deutschsprachige *Balaton-Zeitung* (*www.balaton-zeitung.de*). Überregional ist die deutschsprachige Wochenzeitung *Budapester Zeitung* (*www.budapester.hu*).

ZOLL

Seit Ungarns Beitritt zur EU finden normalerweise keine Zollkontrollen mehr statt. Alle Waren, die für den persönlichen Verbrauch bestimmt sind, können zwischen Deutschland, Österreich und Ungarn frei ein- und ausgeführt werden, z. B. 10 l Spirituosen und 90 l Wein. Lediglich für alle Tabakwaren gelten bis 2009 noch Beschränkungen, z. B. maximal 200 Zigaretten.

Wetter in Siófok

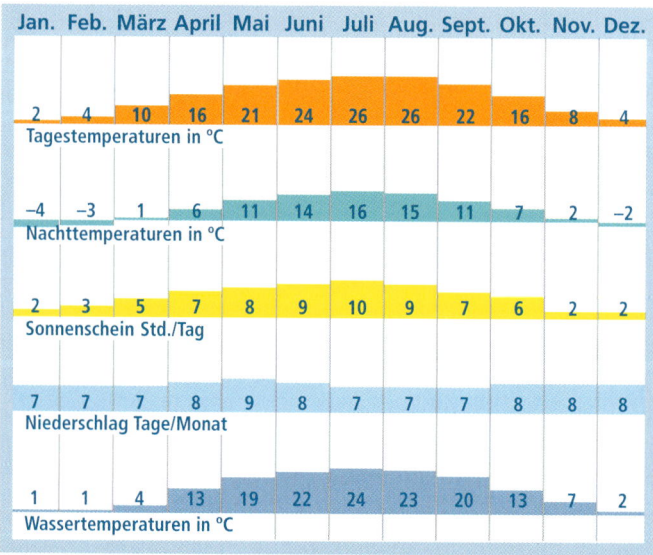

	Jan.	Feb.	März	April	Mai	Juni	Juli	Aug.	Sept.	Okt.	Nov.	Dez.
Tagestemperaturen in °C	2	4	10	16	21	24	26	26	22	16	8	4
Nachttemperaturen in °C	−4	−3	1	6	11	14	16	15	11	7	2	−2
Sonnenschein Std./Tag	2	3	5	7	8	9	10	9	7	6	2	2
Niederschlag Tage/Monat	7	7	7	8	9	8	7	7	8	8	8	8
Wassertemperaturen in °C	1	1	4	13	19	22	24	23	20	13	7	2

Beszélsz magyarul?

»Sprichst du Ungarisch?«
Dieser Sprachführer hilft Ihnen, die wichtigsten
Wörter und Sätze auf Ungarisch zu sagen

Zur Erleichterung der Aussprache sind alle ungarischen Wörter mit einer einfachen Aussprache (in eckigen Klammern) versehen.

AUF EINEN BLICK

Ja./Nein.	Igen. [igän]/Nem. [näm]
Vielleicht.	Talán. [tollahn]
Bitte.	Kérem. [kehräm]
Danke.	Köszönöm. [kössönöm]
Gern geschehen.	Szívesen. [ssihwäschän]
Entschuldigung!	Bocsánat! [botschahnott]
Wie bitte?	Tessék? [täschschehk]
Ich verstehe Sie nicht.	Nem értem. [näm ehrtäm]
Ich spreche nur wenig …	Csak egy kicsit beszélek … [tschock ädj kitschit bässehläk]
Sprechen Sie …	Beszél … [bässehl]
… Deutsch?	… németül? [nemätül]
… Englisch?	… angolul? [ongolul]
Schreiben Sie es mir bitte auf!	Kérem írja fel! [kehräm ihrjo fäl]
Können Sie mir bitte helfen?	Tudna nekem segíteni kérem? [tudno näkäm schägihtäni kehräm]
Ich möchte …	Szeretnék … [ssärätnehk …]
Das gefällt mir (nicht).	Ez (nem) tetszik. [äs (näm) tässzik]
Haben Sie …?	Van …? [wonn …]
Wie viel kostet es?	Mennyibe kerül? [männjibä kärül]
Wie viel Uhr ist es?	Hány óra (van)? [hahnj ohro (wonn)]

KENNENLERNEN

Guten Morgen!	Jó reggelt! [joh räggält]
Guten Tag!	Jó napot! [joh noppot]
Guten Abend!	Jó estét! [joh äschteht]
Grüß dich!/Grüß euch!	Szia!/Sziasztok! [ssio/ssiosstok]
Es freut mich, Sie kennen zu lernen.	Örülök, hogy megismerhetem. [örülök hodj mägischmärhätäm]

Wie geht es Ihnen/dir? Hogy van/vagy? [hodj wonn/woddj]
Danke. Und Ihnen/dir? Köszönöm. És Ön/te?
[kössönöm ehsch ön/tä]

Auf Wiedersehen! Viszontlátásra! [wissontlahtahschro]
Tschüss! Szia!/Sziasztok! [ssio/ssiosstok]
Bis bald!/Bis später! Viszlát! [wisslaht]

UNTERWEGS

Auskunft
links/rechts balra [bollro]/jobbra [jobbro]
geradeaus egyenes(en) [ädjänäsch(än)]
nah/weit közel [kösäl]/messze [mässä]
Bitte, wo ist …? Hol van kérem a(z) … ?
[hol wonn kehräm o(s)]

Wie weit ist das? Milyen messze van? [mijän mässä wonn]
Sie können den Bus nehmen. Mehet busszal. [mähät bussoll]

Panne
Ich habe eine Panne. Defektem van. [däfäktäm wonn]
Würden Sie mir bitte Tudna nekem egy vontatókocsit
einen Abschleppwagen küldeni? [tudno näkäm ädj
schicken? wontottohkotschit küldäni]
Wo ist hier in der Nähe Hol van itt a közelben egy műhely?
eine Werkstatt? [hol wonn itt o kösälbän ädj mühhäj]

Tankstelle
Wo ist bitte die nächste Hol (van) a legközelebbi benzinkút?
Tankstelle? [hol (wonn) o läcközäläbbi bänsinkuht]
Ich möchte … Liter … … liter … kérek. [… litär … kehräk]
    Normalbenzin.   normálbenzint [norrmahlbänsint]
    Super.   szupert [ssupärt]
    Diesel.   dízelt [dihsält]
    bleifrei.   ólommenteset [ohlommäntäschät]
    mit … Oktan.   … oktánszámút [oktahnssahmuht]
Voll tanken, bitte. Tele kérem. [tälä kehräm]

Unfall
Hilfe! Segítség! [schägihtschehg]
Achtung! Figyelem! [fidjäläm]
Vorsicht! Vigyázat! [widjahsott]
Rufen Sie bitte schnell … Hívjon gyorsan … [hihwjon djorschonn]
    … einen Krankenwagen.   … mentőt. [mäntöht]
    … die Polizei.   … a rendőrséget. [o rändöhrschehgät]
    … die Feuerwehr.   … a tűzoltókat. [o tühsoltohkott]
Es war meine Schuld. Én vagyok a hibás.
[ehn woddjok o hibahsch]

Es war Ihre Schuld. — Ön a hibás [ön o hibahsch]
Geben Sie mir bitte Ihren Namen und Ihre Anschrift! — Adja meg kérem a nevét és a címét. [oddjo mäg kehräm o näweht ehsch o zihmeht]

ESSEN/UNTERHALTUNG

Wo gibt es hier … — Hol van itt … [hol wonn itt]
… ein gutes Restaurant? — … egy jó étterem? [ädj joh ehttäräm]
… ein nicht zu teures Restaurant? — … egy nem túl drága étterem? [ädj näm tuhl drahgo ehttäräm]
Gibt es hier eine gemütliche Kneipe? — Van itt valahol egy nyugodt, hangulatos kocsma? [wonn itt wollohol ädj njugott honngulottosch kotschmo]
Reservieren Sie uns bitte für heute Abend einen Tisch für vier Personen. — Foglaljon kérem nekünk ma estére egy asztalt négy személyre. [foglaljon kehräm näkünk mo äschtehrä ädj osstollt nehdj ssämehjrä]
Bitte bringen Sie uns … — Kérem hozzon nekünk … [kehräm hosson näkünk]
… Gabel — … villa [willo]
… Löffel — … kanál [konnahl]
… Messer — … kés [kehsch]
Auf Ihr Wohl! — Egészségére! [ägehschschehgehrä]
Bezahlen, bitte. — Fizetek, kérem. [fisätäk kehräm]
Bitte alles zusammen. — Kérem az egészet egybe számolni. [kehräm os ägehssät ädjbä ssahmolni]
Getrennte Rechnungen, bitte. — Külön számlát kérünk. [külön ssahmlaht kehrünk]
Hat es geschmeckt? — Ízlett? [ihslätt]
Das Essen war ausgezeichnet. — Az étel kitűnő volt. [os ehtäl kitühnöh wolt]

ÜBERNACHTUNG

Können Sie mir bitte … empfehlen? — Tudna ajánlani egy … [tudno ojjahnlonni ädj]
… ein gutes Hotel … — … jó szállodát? [joh ssahllodaht]
… eine Pension … — … panziót? [ponnsioht]
Haben Sie noch Zimmer frei? — Van még szabad szobájuk? [wonn mehg ssobbodd ssobahjuk]
ein Einzelzimmer — egy egyágyas szobát [ädj äddjahdjosch ssobaht]
ein Zweibettzimmer — egy kétágyas szobát [ädj kehtahdjosch ssobaht]
mit Bad — fürdőszobával [fürdöhssobahwoll]
für eine Nacht — egy éjszakára [ädj ehjssockahro]
für eine Woche — egy hétre [ädj hehträ]

Was kostet das Zimmer mit …	Mennyibe kerül a szoba … [männjibä kärül o ssobo]
… Frühstück?	… reggelivel? [räggäliwäl]
… Halbpension?	… félpanzióval? [fehlponnsiohwoll]

PRAKTISCHE INFORMATIONEN

Arzt

Können Sie mir einen guten Arzt empfehlen?

Tud nekem egy jó orvost ajánlani? [tud näkäm ädj joh orwoscht ojjahnlonni]

Ich habe hier Schmerzen.

Itt fáj. [itt fahj]

Bank

Wo ist hier bitte eine Bank?

Hol van itt kérem egy bank? [hol wonn itt kehräm ädj bonnk]

Ich möchte … Euro (Schweizer Franken) in Forint wechseln.

Szeretnék … euro (svájci frankot) forintra átváltani. [ssärätnehk … äuro (schwahjzi fronnkot) forintro ahtwahltonni]

Post

Was kostet …

Mibe kerül … [mibä kärül]

… ein Brief …

… egy levél … [ädj läwehl]

… eine Postkarte …

… egy levelezőlap … [ädj läwäläsöhlopp]

… nach Deutschland?

… Németországba? [nehmätorssahgbo]

Briefmarke

bélyeg [behjäg]

ZAHLEN

0	nulla [nullo]	18	tizennyolc [tisännjolz]
1	egy [äddj/ädj]	19	tizenkilenc [tisänkilänz]
2	kettő/két [kättöh/keht]	20	húsz [huhss]
3	három [hahrom]	21	huszonegy [hussonädj]
4	négy [nehdj]	22	huszonkettő/huszonkét
5	öt [öt]		[hussonkättöh/hussonkeht]
6	hat [hott]	30	harminc [horrminz]
7	hét [heht]	40	negyven [nädjwän]
8	nyolc [njolz]	50	ötven [ötwän]
9	kilenc [kilänz]	60	hatvan [hottwonn]
10	tíz [tihs]	70	hetven [hätwän]
11	tizenegy [tisänädj]	80	nyolcvan [njolzwonn]
12	tizenkettő/tizenkét	90	kilencven [kilänzwän]
	[tisänkättöh/tisänkeht]	100	száz [ssahs]
13	tizenhárom [tisänhahrom]	101	százegy [ssahsädj]
14	tizennégy [tisännehdj]	1 000	ezer [äsär]
15	tizenöt [tisänöt]	10 000	tízezer [tihsäsär]
16	tizenhat [tisänhott]	1/2	fél [fehl]
17	tizenhét [tisänheht]	1/4	(egy) negyed [(ädj) nädjäd]

Reiseatlas Plattensee

Die Seiteneinteilung für den Reiseatlas finden Sie auf dem hinteren Umschlag dieses Reiseführers

Mit freundlicher Unterstützung von

kein urlaub ohne
holiday autos

www.holidayautos.com

Autobahn mit Anschlussstelle - Mautstelle	Motorway with junction - Toll
Autobahn in Bau - geplant	Motorway under construction - projected
Tankstelle - Rasthaus - mit Motel	Filling station - Restaurant - with motel
Vierspurige Straße - in Bau	Road with four lanes - under construction
National- oder Staatsstraße - in Bau	Trunk road - under construction
Wichtige Hauptstraße - in Bau	Important main road - under construction
Hauptstraße - Nebenstraße	Main road - Secondary road
Fahrweg - Fußweg	Practicable road - Footpath
Passstraße mit Wintersperre - Steigung	Mountain pass closed in winter - Gradient
Für Wohnwagen nicht empfehlenswert - gesperrt	Not suitable for caravans - closed
Gebührenpflichtige Straße - Für Kfz gesperrt	Toll road - Road closed for motor traffic
Hauptbahn mit Bahnhof - Nebenbahn	Main railway with station - Other railway
Eisenbahn (Güterverkehr) - Autoverladung	Railway (freight haulage) - Railway ferry for cars
Zahnradbahn - Seilbahn - Sessellift	Rack-railway - Cable lift - Chair lift
Autofähre - Schifffahrtslinie	Car ferry - Shipping route
Flughafen - Regionalflughafen - - Flugplatz - Segelflugplatz	Airport - Regional airport - - Airfield - Gliding field
Besonders sehenswerter Ort	Place of particular interest
Besondere Natursehenswürdigkeit	Natural object of particular interest
Sonstige Sehenswürdigkeit	Other objects of interest
Landschaftlich schöne Strecke	Scenic road
Touristenstraße	Tourist route
Nationalpark, Naturpark - Aussichtspunkt	National park, nature park - Viewpoint
Botanischer Garten, sehenswerter Park - - Zoologischer Garten	Botanical gardens, interesting park - - Zoological garden
Burg, Schloss für Besucher zugänglich - Ruine	Castle open to public - Ruin
Sonstige Burg, Schloss - Kirche - Kloster - Ruinen	Other castle - Church - Monastery - Ruins
Turm - Funk- oder Fernsehturm	Tower - Radio- or TV tower
Denkmal - Leuchtturm	Monument - Lighthouse
Golfplatz - Jachthafen	Golf-course - Marina
Hotel, Motel, Gasthaus - Berghütte - Feriendorf	hotel, motel, inn - Mountain hut - Tourist colony
Campingplatz - Jugendherberge	Camping - Youth hostel
Strandbad - Schwimmbad - Heilbad	Bathing place - Swimming pool - Spa
Staatsgrenze	State boundary
Grenzkontrollstelle international - - mit Beschränkung	International check-point - - Check-point with restrictions
Verwaltungsgrenze - Sperrgebiet	Administrative boundary - Restricted area
Ausflüge & Touren	Excursions & tours

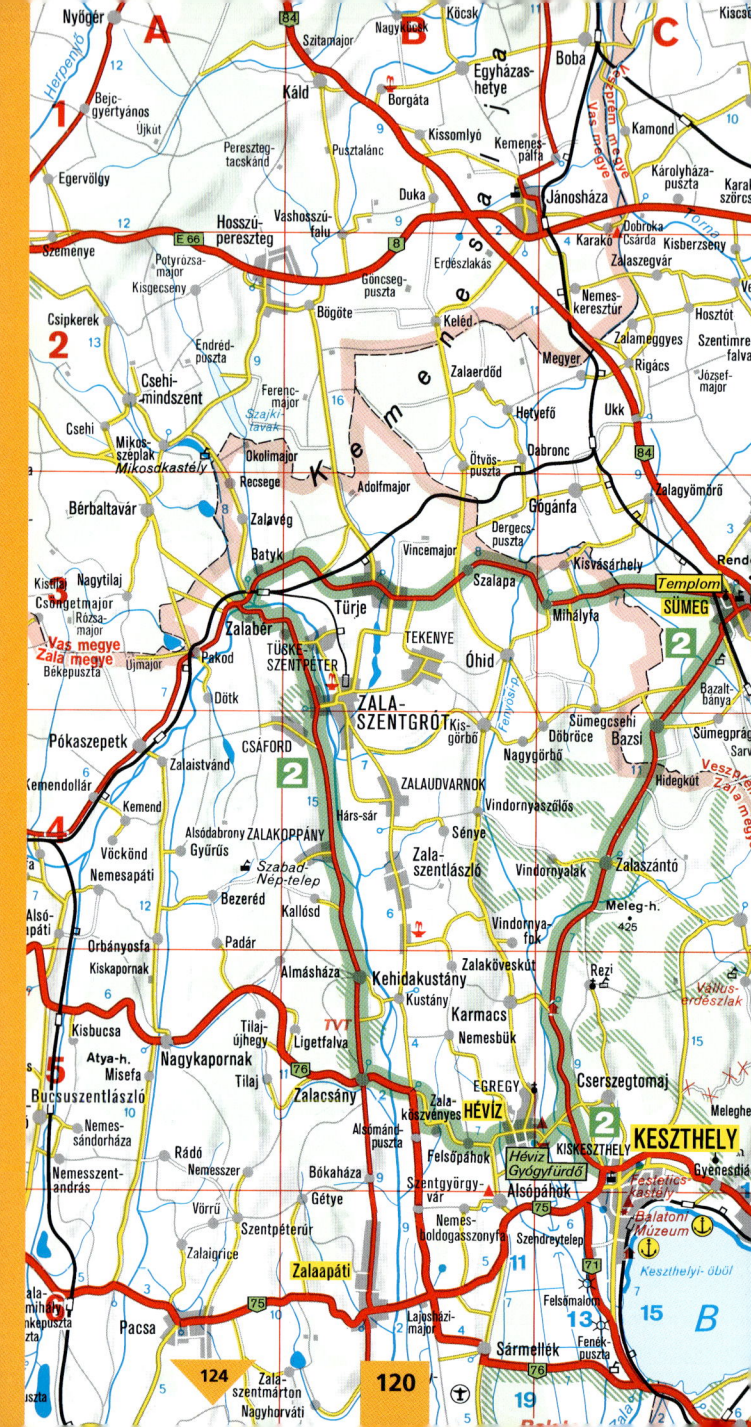

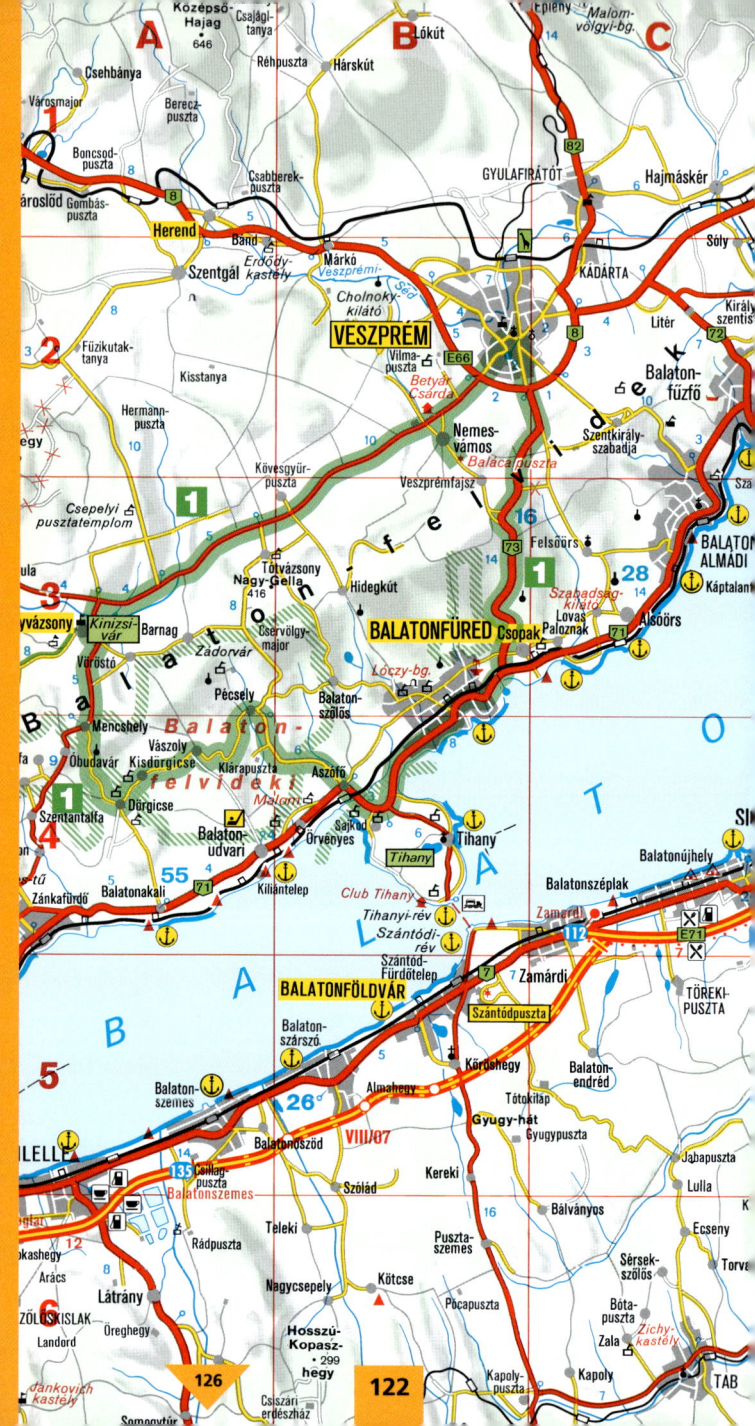

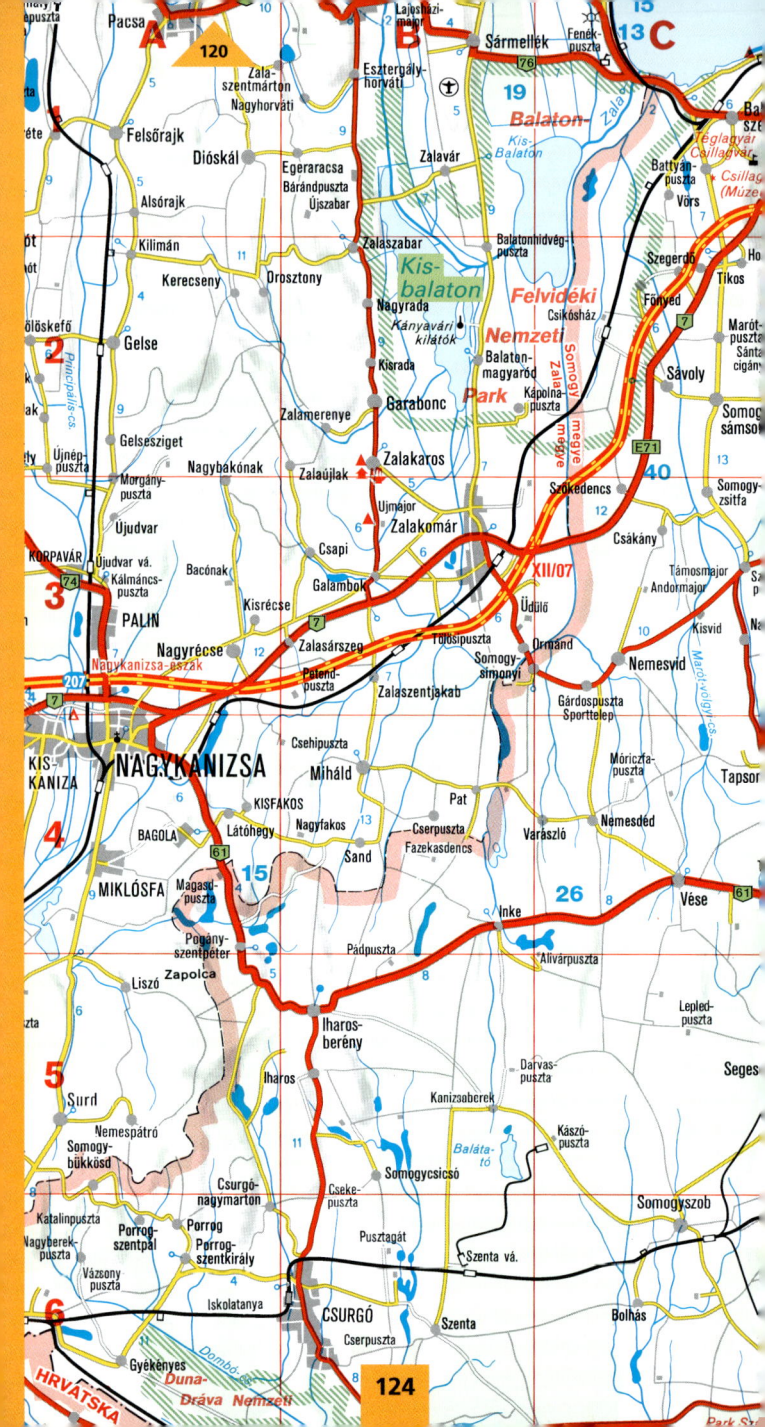

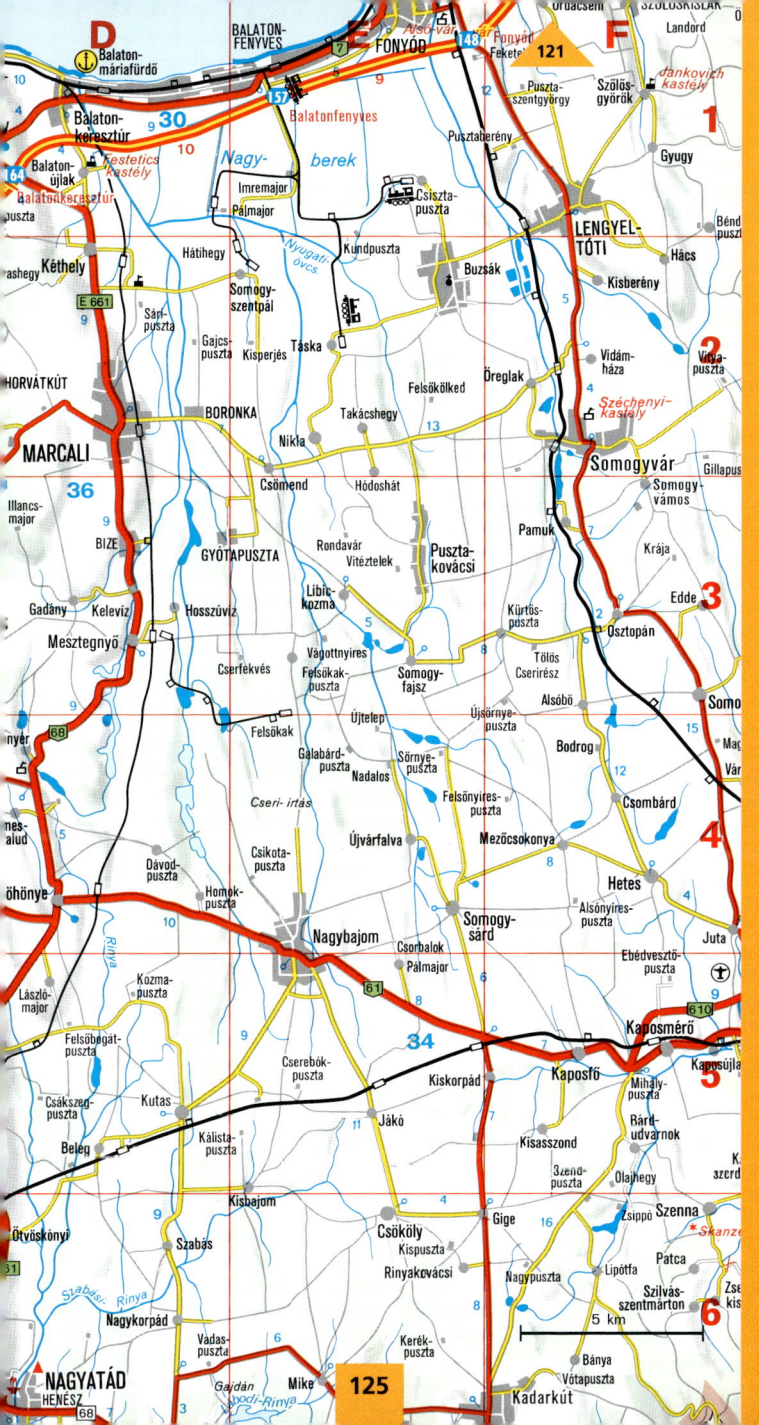

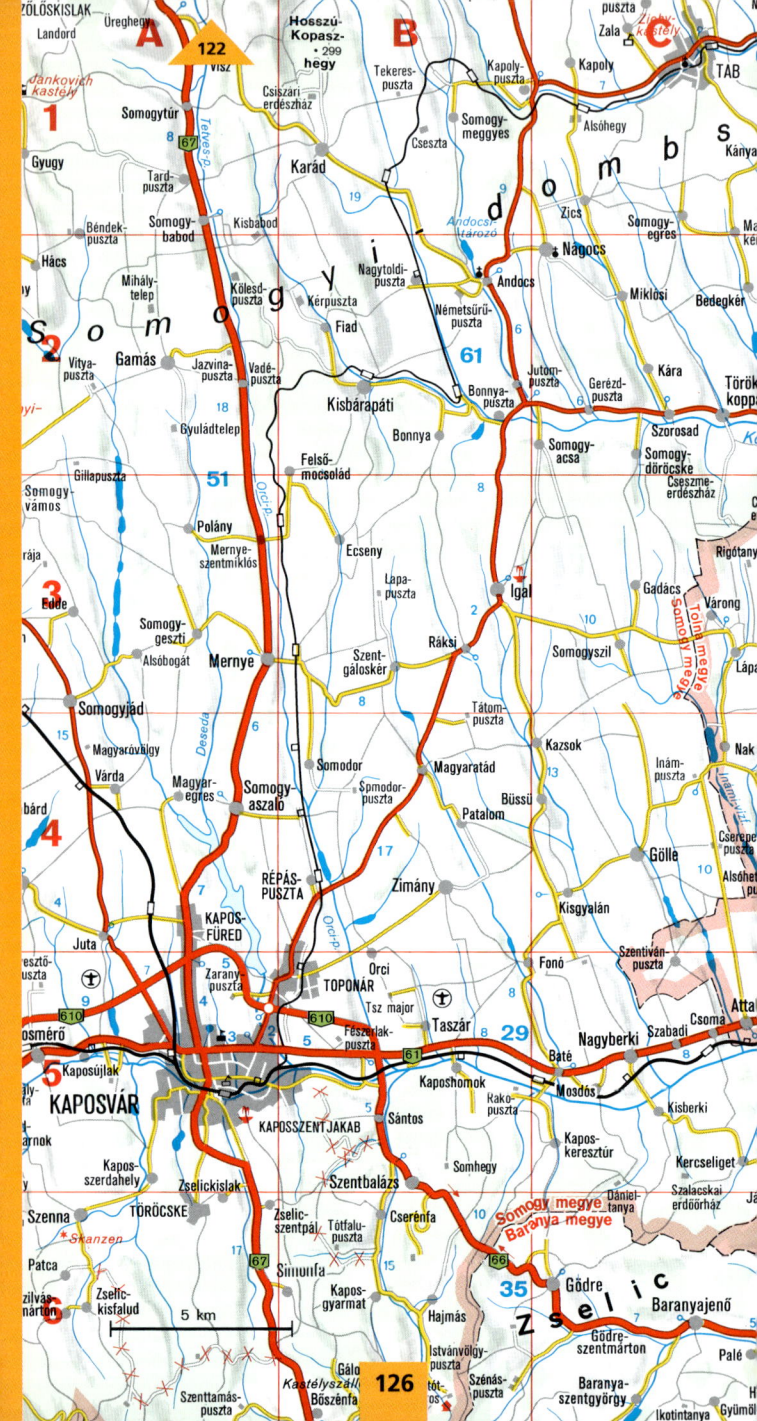

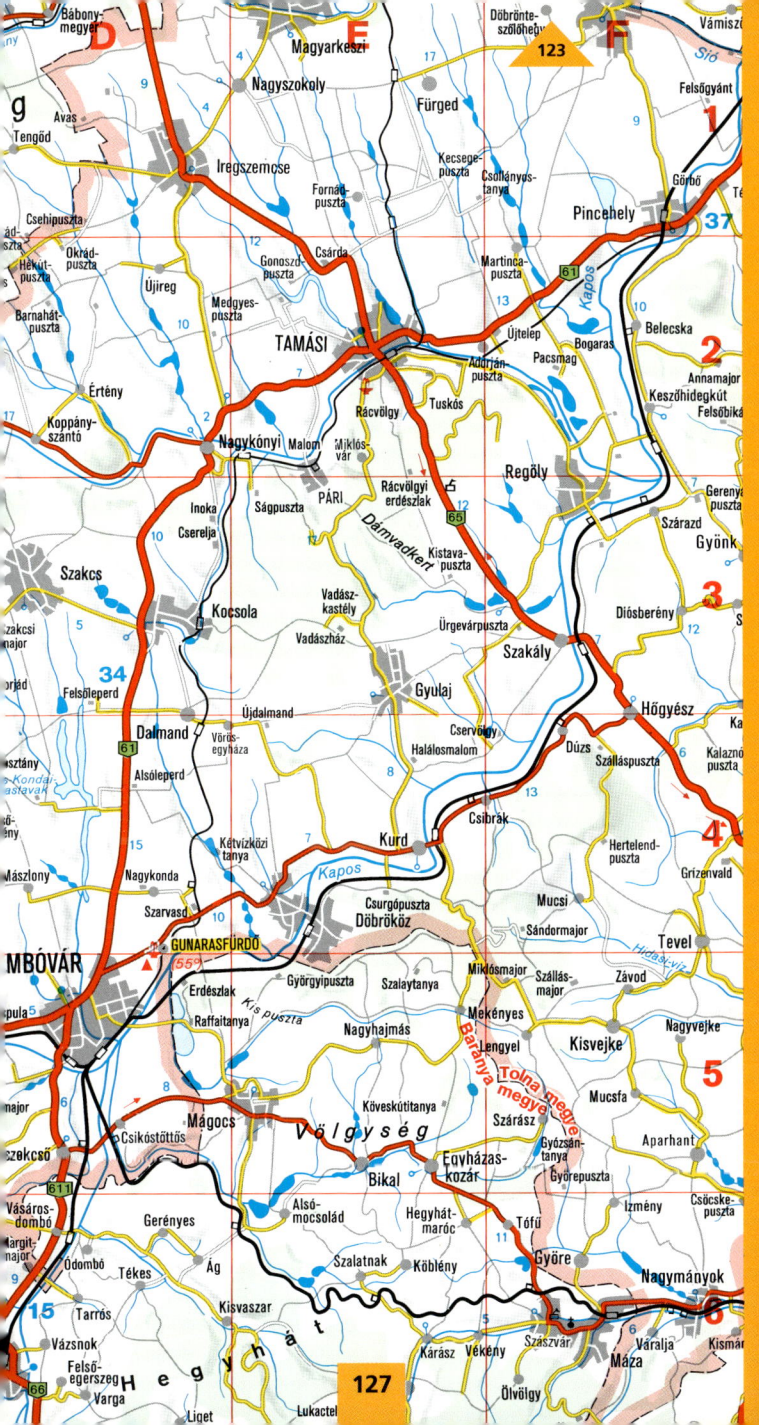